유형연습으로 쉽게 가는
스페인어 능력 시험

¡dale al dele! DELE A2

원서

Ernesto Puertas · Nitzia Tudela

송산출판사

유형 연습으로 쉽게가는
스페인어 능력 시험

¡Dale al DELE! a2 〈원서〉

Dirección editorial: enClave-ELE
Fotografías: © Shutterstock; página 130, ejercicio64, baile cubano, © Hunnamaruah/Shutterstock
Ilustraciones: J aume Bosch

© enClave-ELE, 2013

인 쇄 일 2015년 1월 20일
발 행 일 2015년 1월 30일
발 행 인 윤우상
저   자 Ernesto Puertas, Nitzia Tudela
발 행 처 송산출판사
주   소 서울특별시 서대문구 통일로 32길 14 (홍제동)
전   화 (02) 735-6189
팩   스 (02) 737-2260
홈페이지 http://www.songsanpub.co.kr
등록일자 1976년 2월 2일. 제 9-40호

한국 내 출판권 ⓒ 송산출판사 2015
ISBN 978-89-7780-207-0 14770
       978-89-7780-206-3 (세트)

이 도서의 국립중앙도서관 출판예정도서목록(CIP)은 서지정보유통지원시스템 홈페이지
(http://seoji.nl.go.kr)와 국가자료공동목록시스템(http://www.nl.go.kr/kolisnet)에서 이용
하실 수 있습니다.
(CIP제어번호 : CIP2015001730)

ÍNDICE

CÓMO ES EL DELE A2

Los Diplomas de Español como Lengua Extranjera (DELE) son los títulos oficiales del Instituto Cervantes y del Ministerio de Educación, Cultura y Deporte de España.
Los exámenes del DELE siguen el *Marco común europeo de referencia* (MCER) del Consejo de Europa.

El DELE A2 acredita que el candidato:
- es capaz de comprender frases y expresiones de uso frecuente relacionadas con áreas de experiencia que le son especialmente relevantes (información básica sobre sí mismo y su familia, compras, lugares de interés, etc.);
- sabe comunicarse a la hora de llevar a cabo tareas simples y cotidianas que no requieren más que intercambios sencillos y directos de información sobre cuestiones que le son conocidas o habituales;
- sabe describir en términos sencillos aspectos de su pasado y su entorno, así como cuestiones relacionadas con sus necesidades inmediatas.

EL EXAMEN: DÓNDE, CUÁNDO Y CÓMO
Los exámenes para la obtención de los Diplomas de Español como Lengua Extranjera se realizan en los centros del Instituto Cervantes y en la amplia red de centros de examen DELE (universidades, centros de enseñanza de español, academias, embajadas y consulados).
En la dirección oficial de los exámenes http://diplomas.cervantes.es puedes encontrar una lista de centros de exámenes por países.
Los exámenes del DELE tienen dos o tres convocatorias anuales (mayo, noviembre y, en algunos países, agosto). En la dirección oficial puedes consultar las fechas concretas de cada año y el lugar donde se celebran las pruebas de agosto. En esta misma página, encontrarás los procedimientos y los plazos de inscripción.

PARA EL EXAMEN
El día del examen, deberás llevar:
- **Copia sellada** de la **hoja de inscripción.**
- **Pasaporte** o **documento de identificación** con fotografía. El día del examen debes presentar el original utilizado en la inscripción.
- La **convocatoria oficial de examen**, que habrás recibido del centro de examen.
- **Bolígrafo** o similar que escriba con tinta y **lápiz del número 2.**
- Las **cuatro últimas cifras del código de inscripción,** ya que tendrás que anotarlas en cada hoja de respuestas.

Recuerda que, antes de cada prueba, debes completar los datos de identificación y el código en las hojas de respuestas 1, 2, 3 y 4.

Escribe con bolígrafo ✒ el nombre y los apellidos, la ciudad y el país donde te examinas. Completa con lápiz ✏ las cuatro últimas cifras del código de inscripción. Este código se pone dos veces, una, con número (ejemplo 1) y otra, sombreando las casillas (ejemplo 2).

Ejemplo 1:

0	0	0	1

Ejemplo 2:

NÚMERO DE INSCRIPCIÓN DEL CANDIDATO			
0	0	0	0
0	0	0	0
▬	▬	▬	☐
1	1	1	1
☐	☐	☐	▬
2	2	2	2
☐	☐	☐	☐
3	3	3	3
☐	☐	☐	☐
4	4	4	4
☐	☐	☐	☐

PRUEBA Nº 1 **Comprensión de Lectura** (60 minutos)

Tarea 1: **Diez textos cortos** con instrucciones, avisos, indicaciones o normas **y siete enunciados.** Hay que relacionar cada enunciado con un texto.

Tarea 2: Una **carta,** un **correo electrónico** con **cinco preguntas de elección múltiple** (A, B, C).

Tarea 3: **Seis anuncios,** avisos de actos o acontecimientos, convocatorias... con **una pregunta de opción múltiple** (A, B, C) cada uno.

Tarea 4: **Nueve textos** que pueden aparecer en carteleras de espectáculos, guías urbanas o de ocio, folletos o catálogos informativos **y seis enunciados.** Hay que relacionar cada enunciado con un texto.

Tarea 5: Una **biografía,** una **noticia,** un **cuento…** con **seis preguntas** de **opción múltiple (A, B, C).**

PRUEBA Nº 2 **Comprensión Auditiva** (35 minutos)

Tarea 1: **Siete anuncios de radio.** Cada uno de ellos tiene una **pregunta de opción múltiple** (A, B, C).

Tarea 2: Un **grupo de anuncios,** una **noticia de radio** o una **entrevista** y **seis preguntas de opción múltiple** (A, B, C).

Tarea 3: **Seis mensajes de megafonía** o **mensajes de contestador automático** y **nueve enunciados.** Hay que relacionar cada mensaje con el enunciado correspondiente.

Tarea 4: Una **conversación** con **seis preguntas** de **opción múltiple** (A, B, C).

Tarea 5: Un **diálogo informal** sobre temas cotidianos y **ocho imágenes** que hay que relacionar con **cinco enunciados.**

PRUEBA Nº 3 **Expresión e Interacciones Escritas** (50 minutos)

Tarea 1: Escribir un **correo electrónico,** tu **participación** en un **blog** o en un **foro** (entre 30 y 40 palabras).

Tarea 2: Escribir **notas, cartas,** una **página de diario** (entre 70 y 80 palabras) según un contexto cuyo contenido hay que desarrollar.

Tarea 3: Redactar un **texto descriptivo** o **narrativo** (entre 70 y 80 palabras) a partir de unas instrucciones y unas imágenes.

PRUEBA Nº 4 **Expresión e Interacciones Orales** (15 minutos)

Tarea 1: **Monólogo.** Durante 3 o 4 minutos tienes que desarrollar un tema. En el examen te proporcionarán preguntas que pueden ayudarte en tu exposición.

Tarea 2: **Descripción.** Durante 2 o 3 minutos tienes que describir detalladamente la foto que ves. Se trata de describir las características de las personas que aparecen, explicar lo que hacen en la foto e imaginar lo que sucede en esa situación.

Tarea 3: **Diálogo.** A partir de la fotografía anterior, tienes que mantener un diálogo con el profesor-entrevistador. A veces tienes que responder a sus preguntas y a veces tienes que hacerle tú las preguntas.

Tarea 4: **Conversación.** Debes conversar sobre un tema (por ejemplo, ir al cine o al teatro, vacaciones en la playa o en la montaña). Hay dos fichas, una para el entrevistador y otra para ti, y tienes que desempeñar el papel que hay en la tuya. El entrevistador tomará la postura contraria.

En esta prueba de Expresión e Interacciones Orales dispones de 15 minutos para prepararte. Puedes aprovechar este tiempo para escribir ideas o tomar notas. Durante la entrevista podrás mirar o consultar tus papeles, pero no leerlos.

ESQUEMA GRÁFICO ¡DALE AL DELE! A2

¡Dale al DELE! es la colección más completa para preparar los Diplomas del Español como Lengua Extranjera (DELE).

¡Dale al DELE! A2 prepara para la obtención del nivel A2 y puede utilizarse en clase y de forma autónoma.

¡Dale al DELE! A2 se presenta en forma de **LIBRO** y **EXTENSIÓN DIGITAL.**

LIBRO*

➤ **136 tareas,**
➤ **6 exámenes,**
➤ descripción de las diferentes pruebas y tareas,
➤ instrucciones y estrategias para realizar las diferentes tareas.

En la primera parte del libro, te ofrecemos:

➤ Una descripción general de las pruebas y de las tareas, con estrategias para enfrentarte a ellas.
  Cada una de las pruebas del examen viene precedida de una página con:
  • las tareas que la integran,
  • el formato de cada tarea,
  • el tipo de textos que vas a encontrarte.

A continuación, encontrarás unas páginas en la que te presentamos, con un ejemplo, las estrategias para cada una de las tareas: la mejor manera de organizar el tiempo y resolver la tarea.

➤ Dos ejercicios para cada una de las tareas (**34 tareas,** en total).

10 tareas de Comprensión de Lectura

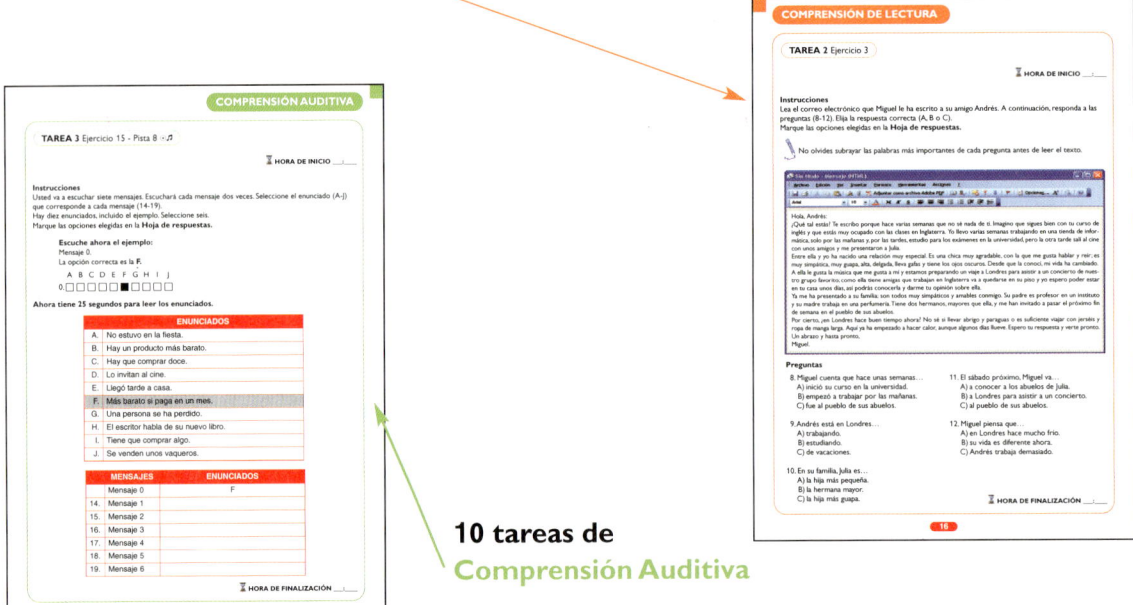

10 tareas de Comprensión Auditiva

* En el libro, se utiliza el tratamiento informal *tú* en la primera parte (estrategias y ejercicios de preparación a los exámenes) y el tratamiento formal *usted* en la segunda parte (los exámenes).

6 tareas de Expresión e Interacción Escritas

8 tareas de Expresión e Interacciones Orales

> **Trabajar con detenimiento esta primera parte es fundamental para afrontar con éxito los exámenes de la segunda.**

En la segunda parte del libro, te ofrecemos **6 exámenes completos (102 tareas** en total).

EXTENSIÓN DIGITAL: www.enclave-ele.net/dele

- ➤ audio MP3 descargable para la prueba de Comprensión Auditiva,
- ➤ transcripciones,
- ➤ soluciones comentadas,
- ➤ hojas de respuestas con el formato del DELE A2,
- ➤ páginas de autoevaluación.

Soluciones comentadas

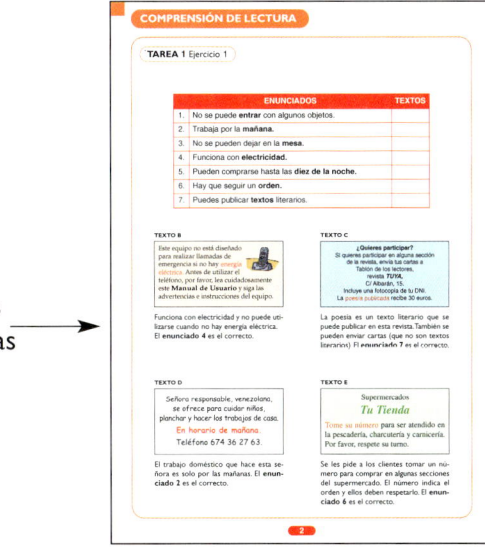

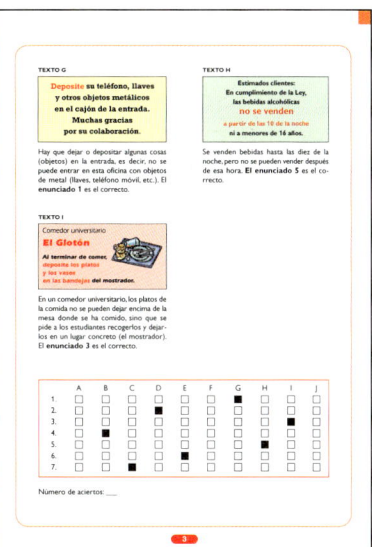

La prueba de Comprensión de Lectura se divide en **cinco tareas,** con **treinta preguntas** en total. Tienes sesenta minutos para contestarlas.

El objetivo de esta prueba es comprender textos breves que tienen información sencilla. En muchos casos, la forma del texto y las ilustraciones ayudan a comprenderlos.

Normalmente, se trata de textos que hablan sobre la vida cotidiana (alimentación, transporte, compras, restaurantes, trabajo, estudios, etc.), con palabras sencillas.

➤ La **tarea 1** tiene **siete enunciados** que hay que relacionar con **diez textos.** Esta tarea tiene un ejemplo.

Los textos tienen formato de **carteles, folletos, anuncios, etiquetas,** etc. Lo más importante es comprender el mensaje de cada texto y relacionar la información que hay en ellos con el enunciado correspondiente.

➤ La **tarea 2** tiene **cinco preguntas** relacionadas con un texto. El texto suele ser breve (normalmente, un correo electrónico o una carta), pero más largo que en la tarea 1. Cada pregunta tiene **tres opciones** y debes elegir la correcta.

El texto suele ser una **invitación,** una **reserva de hotel,** una **petición de información** sobre horarios o sobre cualquier tema de la vida cotidiana.

➤ La **tarea 3** tiene **seis textos** y cada uno de ellos incluye **una pregunta** con **tres opciones;** debes elegir la correcta. Esta tarea tiene un ejemplo. Los textos son breves y se refieren a **anuncios, convocatorias, folletos,** etc. Debes encontrar la información más importante de cada texto para poder responder bien a la pregunta.

➤ La **tarea 4** tiene **seis enunciados** que hay que relacionar con **nueve textos.** Esta tarea tiene un ejemplo.

Los textos son breves, pero más extensos que los de la tarea 1, y tratan diferentes temas, como la **ropa** (un catálogo), la **programación de televisión, ofertas de trabajo, anuncios de viviendas, folletos sobre espectáculos culturales, publicidad de viajes,** etc. Lo importante es encontrar la información específica que aparece solo en un texto y relacionarla con un enunciado concreto.

➤ La **tarea 5** tiene **seis preguntas** relacionadas con **un texto.** En esta tarea, el texto es largo. Puede ser una **biografía,** una **noticia,** un **cuento,** la **descripción** de **una ciudad** o de **un viaje, un diario, un** *blog,* etc. Dos preguntas son sobre información general del texto (qué tema trata, a quién va dirigido, cuándo o dónde se produjo, etc.) y cuatro son más concretas sobre información específica del texto.

INSTRUCCIONES Y ESTRATEGIAS SOBRE **LA TAREA 1** DE COMPRENSIÓN DE LECTURA

La tarea

Tienes **siete enunciados** que debes relacionar con **diez textos** de unas **treinta palabras.** Vas a encontrar **anuncios, instrucciones, normas,** etc., que, en algunos casos, tienen **imágenes** que pueden ayudarte en su comprensión.

En el examen hay un **ejemplo.** Tienes un TEXTO K que se corresponde con un enunciado 0.

Tienes **diez minutos** ⌛ aproximadamente para hacer esta tarea.

⚙ Instrucciones y estrategias

Vamos a hacer un ejemplo con un texto y siete enunciados. Vamos a relacionar este texto con uno de los enunciados.

Primero, lee todos los enunciados y subraya ✏ la palabra o grupos de palabras más importantes, por ejemplo:

	ENUNCIADOS	TEXTOS
0	No abre el domingo.	K
1.	Se celebra por las tardes.	
2.	Se visitan museos.	
3.	Hay ofertas para los jóvenes.	
4.	Los fines de semana es más caro.	
5.	No se paga la comida.	
6.	La habitación es doble.	
7.	Se puede pagar a plazos.	

A continuación, lee el primer texto.

TEXTO A

> 8 días en Tenerife. Gran Hotel Playa. 590 €.
> Pensión completa (agua y vino incluidos).
> Salida todas las semanas desde Madrid.
> Consulta precios para salidas desde otras ciudades.

Ahora tienes que buscar el enunciado con el que se corresponde el TEXTO A (las palabras que has subrayado te ayudarán). En este caso, la información tiene que ver con la comida (enunciado 5).

TEXTO A

> 8 días en Tenerife. Gran Hotel Playa. 590 €.
> **Pensión completa** (agua y vino incluidos).
> Salida todas las semanas desde Madrid.
> Consulta precios para salidas desde otras ciudades.

En los enunciados no vas a encontrar las mismas palabras que en los textos, pero sí otras que tienen el mismo significado: pensión completa significa que el desayuno, la comida y la cena se incluyen en el precio del hotel.

Escribe con el lápiz ✏ que el TEXTO A se corresponde con el enunciado 5 y ~~tacha~~ el número 5 para no volver a leer ese enunciado durante la tarea.

Para practicar

➤ Ahora puedes hacer los ejercicios 1 y 2 de esta tarea (páginas 10-11 y 12-13).

➤ Recuerda que en www.enclave-ele.net/dele tienes las soluciones explicadas a estos ejercicios.

TAREA 1 Ejercicio 1

⏳ HORA DE INICIO ___:___

Instrucciones

Lea los siete enunciados y los diez textos. Seleccione el texto (A-J) que corresponde a cada enunciado (1-7).

Hay once textos, incluido el ejemplo. Seleccione siete.

Marque las opciones elegidas en la **Hoja de respuestas.**

Ejemplo:

TEXTO K

> Los menores de 12 años no pueden utilizar el ascensor si no van acompañados por un adulto.

La opción correcta es la **K.**

A B C D E F G H I J K

0.

No olvides subrayar las palabras más importantes de cada enunciado antes de leer los textos.

ENUNCIADOS		TEXTOS
0.	Los niños no pueden ir solos.	K
1.	No se puede entrar con algunos objetos.	
2.	Trabaja por la mañana.	
3.	No se pueden dejar en la mesa.	
4.	Funciona con electricidad.	
5.	Pueden comprarse hasta las diez de la noche.	
6.	Hay que seguir un orden.	
7.	Puedes publicar textos literarios.	

TEXTO A

Miércoles, 18 de abril, 20 horas.

Entrada libre. Conferencia.

Padres y adolescentes hoy.

Interviene: Santiago Medel Martínez, profesor.

Organiza: Instituto de Estudios de la Familia.

TEXTO B

Este equipo no está diseñado para realizar llamadas de emergencia si no hay energía eléctrica. Antes de utilizar el teléfono, por favor, lea cuidadosamente este **Manual de Usuario** y siga las advertencias e instrucciones del equipo.

TEXTO C

¿Quieres participar?
Si quieres participar en alguna sección
de la revista, envía tus cartas a
Tablón de los lectores,
revista **TUYA,**
C/ Albarán, 15.
Incluye una fotocopia de tu DNI.
La poesía publicada recibe 30 euros.

TEXTO D

Señora responsable, venezolana,
se ofrece para cuidar niños,
planchar y hacer los trabajos de casa.
En horario de mañana.
Teléfono 674 36 27 63.

TEXTO E

Supermercados
Tu Tienda

Tome su número para ser atendido en
la pescadería, charcutería y carnicería.
Por favor, respete su turno.

TEXTO F

Universidad del Porvenir

Para recoger la tarjeta
de biblioteca, pase
de lunes a viernes,
de 10 a 15.

TEXTO G

**Deposite su teléfono, llaves
y otros objetos metálicos
en el cajón de la entrada.
Muchas gracias
por su colaboración**.

TEXTO H

**Estimados clientes:
En cumplimiento de la Ley,
las bebidas alcohólicas
no se venden
a partir de las 10 de la noche
ni a menores de 16 años.**

TEXTO I

Comedor universitario
El Glotón

**Al terminar de comer,
deposite los platos
y los vasos
en las bandejas del mostrador.**

TEXTO J

**Academia
San Miguel**

**Los alumnos aprobados
pueden solicitar
el certificado que se les entregará
en el acto de fin de curso.**

HORA DE FINALIZACIÓN ___:___

TAREA 1 Ejercicio 2

⌛ **HORA DE INICIO** ___:___

Instrucciones

Lea los siete enunciados y los diez textos. Seleccione el texto (A-J) que corresponde a cada enunciado (1-7).

Hay once textos, incluido el ejemplo. Seleccione siete.

Marque las opciones elegidas en la **Hoja de respuestas.**

Ejemplo:

TEXTO K

> *La historia que no se cuenta.* La nueva novela de Francisco Montalvo. A la venta el 25 de abril en todas las librerías.

La opción correcta es la **K.**

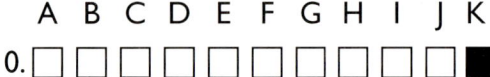

A B C D E F G H I J K
0. ☐ ☐ ☐ ☐ ☐ ☐ ☐ ☐ ☐ ☐ ■

 No olvides subrayar las palabras más importantes de cada enunciado antes de leer los textos.

	ENUNCIADOS	TEXTOS
0.	Es un libro nuevo.	K
1.	Se venden hasta las nueve de la noche.	
2.	Lo envían si se pide por correo electrónico.	
3.	Para tus dudas sobre enfermedades.	
4.	Para comprar un piso.	
5.	Hay que escribir antes de las siete de la tarde.	
6.	Se va a celebrar la semana siguiente.	
7.	Es barato hablar por teléfono.	

TEXTO A

> Llama a tus familiares y amigos.
> **Ahorra hasta un 75%**
> en llamadas internacionales con
> **tarjetas telefónica Pomico.**
> Busca las tarifas de tu país.

TEXTO B

> Se convoca a los señores propietarios para la reunión de la comunidad de vecinos que va a tener lugar el próximo martes a las 7:00 de la tarde.
>
> Jueves, 15 de marzo
> El secretario
> Firma:

TEXTO C

Por favor,

paguen la cuenta

al recibir sus
bocadillos.

TEXTO D

La matrícula del curso

Cine y arquitectura

está abierta hasta
el día 25 de junio.

TEXTO E

**El programa del curso está
en la fotocopiadora.
También puede solicitarse
por correo electrónico.**

TEXTO F

Las entradas para el concierto de

Los Inhumanos

están a la venta en la
Librería Atípicos
de 9:00 a 21:00 horas.

TEXTO G

Si quiere cambiar de casa,

llámenos.

*Tenemos
la que usted necesita.*

TEXTO H

**Prohibido hablar por teléfono
en todas nuestras instalaciones.**

TEXTO I

Envíe sus peticiones
de material informático por fax
antes de las 19 horas
si quiere recibirlo
al día siguiente.

TEXTO J

**Envíen sus preguntas
al médico de la revista
por correo electrónico
y en el próximo número
tendrán su respuesta.**

La tarea

Tienes **un texto,** de unas **docientas palabras,** con **cinco preguntas** de **opción múltiple** (A, B, C). Vas a encontrar **correos electrónicos, cartas** o **mensajes largos,** que tratan sobre **temas sencillos de la vida diaria:** una visita, un viaje, los estudios, la familia.

Debes comprender la **idea principal** y también **información concreta** que hay en el texto.

Tienes **diez minutos** ⏳ aproximadamente para hacer esta tarea.

Instrucciones y estrategias

Vamos a hacer un ejemplo con un mensaje de correo electrónico. En los dos primeros minutos, lee las cinco preguntas y las tres opciones de respuesta y subraya la palabra o grupos de palabras más importantes, por ejemplo:

8. Yolanda escribe a Santi para…

9. En este correo se dice que…
   A) Yolanda ha tenido un hijo.
   B) Santi está trabajando en Francia.
   C) Yolanda y Santi estudiaron juntos.

10. La semana próxima, Yolanda…

11. Yolanda cuenta que…
    A) sus compañeros viven en otra ciudad.
    B) se casó cuando acabó sus estudios.
    C) va a hablar este fin de semana con Andrés.

12. Yolanda y Santi no se ven.

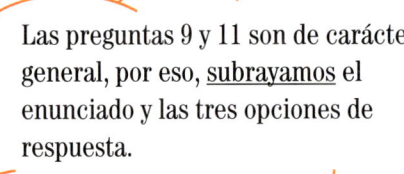

Las preguntas 9 y 11 son de carácter general, por eso, subrayamos el enunciado y las tres opciones de respuesta.

Ahora lee el correo y subraya las palabras o ideas principales que tienen relación con las preguntas.

Puedes escribir en el margen el número de las preguntas. Dispones de cuatro minutos ⏳ para hacer esto.

Mensaje sin título

Archivo   Edición   Ver   Insertar   Formato   Herramientas   Tabla   Ventana   ?   Escriba una pregunta   ▾ ✗

Para...   santi@retemail.com
CC...
Asunto: oferta de trabajo

Times New Roman   ▾ 12 ▾   A ▾ │ N K S │ ≡ ≡ ≡ ≡ │ ⋮≡ ⋮≡ ⋮≡ ⋮≡ │ ⋮≡ ▾

Hola, Santi:
Me ha hecho mucha ilusión recibir tu último correo; así que te <u>respondo</u> rápidamente a <u>las preguntas que me haces sobre el trabajo en mi ciudad</u>.   *8*
La verdad es que ahora mismo hay muchas empresas nuevas que necesitan a trabajadores <u>como tú y como yo, ingenieros que han estudiado en Europa</u>. Yo estoy trabajando desde que volví a Caracas y <u>muchos de nuestros compañeros de facultad</u> (Alba, Pablo, Andrés y Luis, ¿te acuerdas de ellos?) están en buenas empresas desde hace   *9*
tiempo.   *10*
Estos días tengo mucho trabajo, voy a llamarlos por teléfono este fin de semana y <u>el lunes te escribo</u> diciéndote si ellos conocen alguna oferta de trabajo adecuada para ti.
Por cierto, Pablo y Alba se casaron hace dos años y <u>han tenido un niño</u> precioso; si, finalmente, vienes a trabajar aquí, vas a conocerlo y, además, te presento a <u>mi marido, porque lo conocí cuando volví de Francia</u>, hace ya <u>tres</u>   *11*
<u>años</u>, ¡qué rápido pasa el tiempo!, el mismo tiempo que <u>hace que nos despedimos</u> y me prometiste venir a verme,   *12*
pero no lo has hecho todavía. Así, si hay algún trabajo interesante y te decides, puedes cumplir tu palabra porque tengo muchas ganas de volver a verte.
Un abrazo muy fuerte,
Yolanda

Los últimos cuatro minutos ⏳ son para responder a las cinco preguntas.

8. Yolanda escribe a Santi para…
   A) ofrecerle trabajo en su ciudad.
   B) informarle sobre algunos sucesos.
   C) **contestar a su petición de información** ("respondo a las preguntas que me haces sobre el trabajo en mi ciudad").

9. En este correo se dice que…
   A) Yolanda ha tenido un hijo.
   B) Santi está trabajando en Francia.
   C) **Yolanda y Santi estudiaron juntos** ("como tú y como yo, ingenieros que han estudiado en Europa. Muchos de nuestros compañeros de facultad").

10. La semana próxima, Yolanda…
   A) tiene mucho trabajo.
   B) **vuelve a escribirle a Santi** ("el lunes te escribo").
   C) llama por teléfono a Pablo.

11. Yolanda cuenta que…
   A) sus compañeros viven en otra ciudad.
   B) **se casó cuando acabó sus estudios** ("mi marido, porque lo conocí cuando volví de Francia").
   C) va a ver este fin de semana a Andrés.

12. Yolanda y Santi no se ven desde…
   A) **hace tres años** ("tres años […] hace que nos despedimos").
   B) la boda de Santi.
   C) que Yolanda trabaja.

Para practicar

➤ Ahora puedes hacer los ejercicios 3 y 4 de esta tarea (páginas 16 y 17).

➤ Recuerda que en www.enclave-ele.net/dele tienes las soluciones explicadas a estos ejercicios.

TAREA 2 Ejercicio 3

⌛ **HORA DE INICIO** ___:___

Instrucciones

Lea el correo electrónico que Miguel le ha escrito a su amigo Andrés. A continuación, responda a las preguntas (8-12). Elija la respuesta correcta (A, B o C).

Marque las opciones elegidas en la **Hoja de respuestas.**

 No olvides subrayar las palabras más importantes de cada pregunta antes de leer el texto.

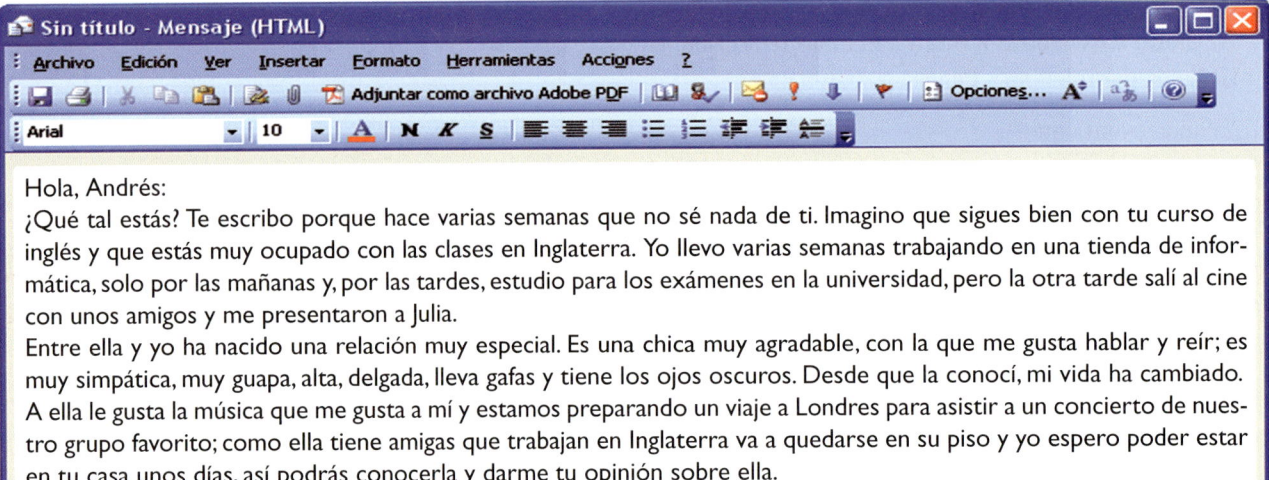

Hola, Andrés:

¿Qué tal estás? Te escribo porque hace varias semanas que no sé nada de ti. Imagino que sigues bien con tu curso de inglés y que estás muy ocupado con las clases en Inglaterra. Yo llevo varias semanas trabajando en una tienda de informática, solo por las mañanas y, por las tardes, estudio para los exámenes en la universidad, pero la otra tarde salí al cine con unos amigos y me presentaron a Julia.

Entre ella y yo ha nacido una relación muy especial. Es una chica muy agradable, con la que me gusta hablar y reír; es muy simpática, muy guapa, alta, delgada, lleva gafas y tiene los ojos oscuros. Desde que la conocí, mi vida ha cambiado. A ella le gusta la música que me gusta a mí y estamos preparando un viaje a Londres para asistir a un concierto de nuestro grupo favorito; como ella tiene amigas que trabajan en Inglaterra va a quedarse en su piso y yo espero poder estar en tu casa unos días, así podrás conocerla y darme tu opinión sobre ella.

Ya me ha presentado a su familia; son todos muy simpáticos y amables conmigo. Su padre es profesor en un instituto y su madre trabaja en una perfumería. Tiene dos hermanos, mayores que ella, y me han invitado a pasar el próximo fin de semana en el pueblo de sus abuelos.

Por cierto, ¿en Londres hace buen tiempo ahora? No sé si llevar abrigo y paraguas o es suficiente viajar con jerséis y ropa de manga larga. Aquí ya ha empezado a hacer calor, aunque algunos días llueve. Espero tu respuesta y verte pronto.
Un abrazo y hasta pronto,
Miguel

Preguntas

8. Miguel cuenta que hace unas semanas…
   A) inició su curso en la universidad.
   B) empezó a trabajar por las mañanas.
   C) fue al pueblo de sus abuelos.

9. Andrés está en Londres…
   A) trabajando.
   B) estudiando.
   C) de vacaciones.

10. En su familia, Julia es…
    A) la hija más pequeña.
    B) la hermana mayor.
    C) la hija más guapa.

11. El sábado próximo, Miguel va…
    A) a conocer a los abuelos de Julia.
    B) a Londres para asistir a un concierto.
    C) al pueblo de sus abuelos.

12. Miguel piensa que…
    A) en Londres hace mucho frío.
    B) su vida es diferente ahora.
    C) Andrés trabaja demasiado.

⌛ **HORA DE FINALIZACIÓN** ___:___

TAREA 2 Ejercicio 4

⏳ **HORA DE INICIO** ___:___

Instrucciones

Lea la carta que ha escrito Elena Martín a una revista. A continuación, responda a las preguntas (8-12).
Elija la respuesta correcta (A, B o C).
Marque las opciones elegidas en la **Hoja de respuestas.**

 No olvides subrayar las palabras más importantes de cada pregunta antes de leer el texto.

En 1930, mi abuela fue una de las primeras mujeres que trabajó como secretaria en lo que ahora es la Comunidad de Madrid. Fue madre de familia y mujer trabajadora cuando eso no era algo normal. Yo tengo treinta y nueve años, soy madre y, por mi trabajo, vivo entre España y México. Hace poco estuve en un curso de formación para mujeres y comprendí que aún tenemos mucho camino por delante hasta conseguir la igualdad.

Tengo un niño de cuatro años y cada día me preguntan cuándo voy a tener otro hijo. A mi marido y a mí nos gustaría poder tenerlo, pero cada vez es más difícil tener una vida personal y familiar agradable, con las obligaciones del trabajo y la vida profesional. Hasta ahora, con nuestro pequeño, hemos podido trabajar y ocuparnos de él gracias, sobre todo, a nuestros padres, sus abuelos. Sin ellos, con la madre y el padre en el trabajo, cuidar a los hijos es imposible. La verdad es que si no encuentras un colegio cerca de casa y no tienes familiares para ayudarte, piensas que lo mejor es no tener más hijos. Por eso quiero saber si las empresas van a ayudarnos y, en nuestros trabajos, nuestros jefes van a comprender que nuestros horarios de trabajo no pueden ser los mismos que para un soltero o para un trabajador sin hijos.

ELENA MARTÍN (GIJÓN)

(Adaptado de *Telva,* enero 2010. Pág. 19).

Preguntas

8. La abuela de Elena…
   A) fue ama de casa.
   B) cuida a su hijo.
   C) trabajaba fuera de casa.

9. Los amigos de Elena…
   A) recogen al niño en el colegio.
   B) no comprenden por qué no tiene más hijos.
   C) no saben que ella trabaja en México.

10. Según el texto, en 1930 lo habitual para una mujer era…
    A) tener muchos hijos.
    B) trabajar fuera de casa.
    C) ser ama de casa.

11. Para cuidar a su hijo, Elena y su marido…
    A) tienen la ayuda de sus padres.
    B) trabajan en su propia casa.
    C) contratan a una cuidadora.

12. Elena, en esta carta, propone…
    A) no tener hijos si se trabaja.
    B) tener un horario adecuado.
    C) no trabajar durante unos años.

⏳ **HORA DE FINALIZACIÓN** ___:___

La tarea

Tienes **seis textos** con **una pregunta** de **opción múltiple** (A, B, C) cada uno.

Los textos suelen tener entre **cuarenta y cinco** y **setenta y cinco** palabras. Suelen ser **anuncios, avisos de actos** o **acontecimientos** o **convocatorias.**

Casi siempre las **preguntas** están relacionadas con un **aspecto muy concreto del texto** (el precio, la hora…), aunque alguna vez pueden ser de carácter general.

En el examen hay un **ejemplo** (TEXTO 0) con una pregunta 0 para ayudarte a comprender la tarea.

Tienes **diez minutos** ⏳ aproximadamente para hacer esta tarea.

⚙ Instrucciones y estrategias

Vamos a hacer un ejemplo a partir de un texto con un anuncio de una excursión a Cazorla. Debes comenzar leyendo el texto para entender el mensaje general y cómo está organizado.

TEXTO 1

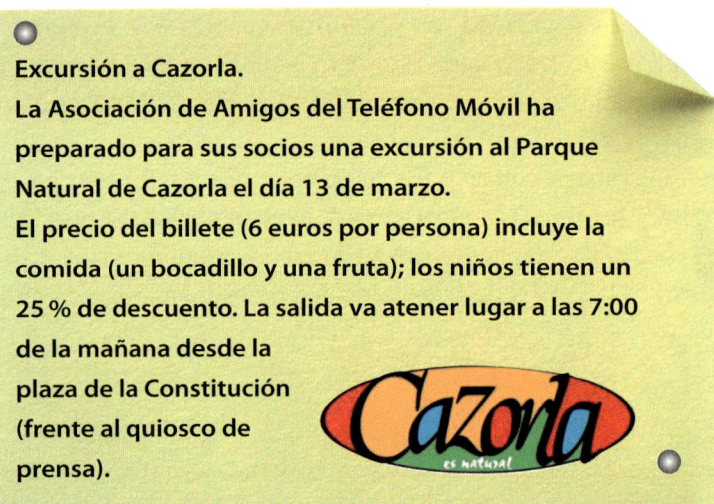

Los puntos que tienes que organizar en este texto son los que hemos marcado en rojo.

TEXTO 1

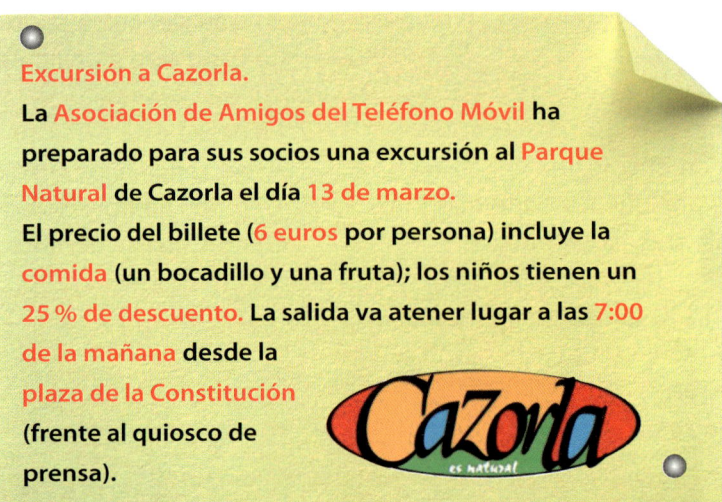

Actividad: Excursión a Cazorla.

¿Quién organiza?: Asociación de Amigos del Teléfono Móvil.

¿Para quién?: Socios.

¿Cuándo es?: Día y hora: 13 de marzo a las 7:00 de la mañana.

¿Cuánto cuesta?: 6 euros, incluye comida. Niños con descuento.

¿De dónde sale y adónde llega?: Salida: plaza de la Constitución. Llegada: Parque Natural.

Cuando tienes esta información, ya puedes leer la pregunta y las opciones, por ejemplo:

13. Para esta excursión…

    A) la inscripción es por teléfono.

    B) el desayuno es gratis.

    C) los niños pagan menos.

¿Qué te interesa de este anuncio? El modo de inscripción (respuesta A), qué comida no se paga (respuesta B) y si hay un descuento para los niños (respuesta C). En este momento, vas comprobando si la información de cada opción (A, B o C) es correcta o incorrecta.

A) no se habla de la inscripción.

B) con el billete no se paga la comida (un bocadillo), pero no se habla del desayuno.

C) se habla de un descuento para un grupo de personas, los niños, así que esta es la respuesta correcta.

No es necesario volver a leer el texto, pero ahora puedes comprobar cómo has hecho bien eligiendo la respuesta C.

TEXTO 1

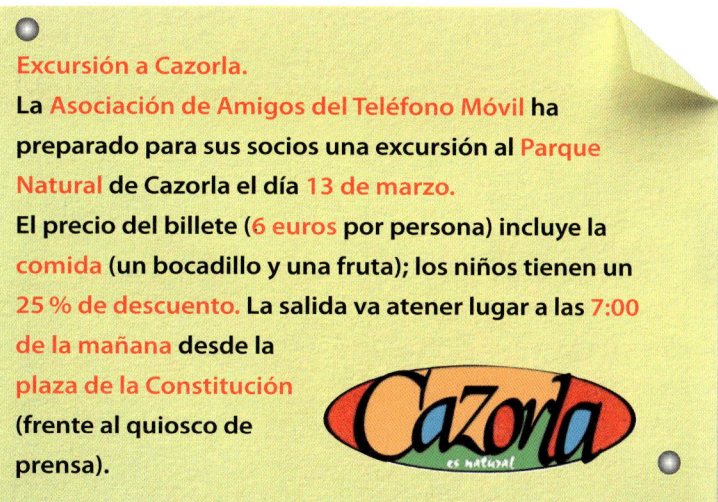

Excursión a Cazorla.
La **Asociación de Amigos del Teléfono Móvil** ha preparado para sus socios una excursión al **Parque Natural** de Cazorla el día **13 de marzo.**
El precio del billete (**6 euros** por persona) incluye la **comida** (un bocadillo y una fruta); los niños tienen un **25 % de descuento.** La salida va atener lugar a las **7:00 de la mañana** desde la **plaza de la Constitución** (frente al quiosco de prensa).

Para practicar

➢ Ahora puedes hacer los ejercicios 5 y 6 de esta tarea (páginas 20-21 y 22-23).

➢ Recuerda que en <u>www.enclave-ele.net/dele</u> tienes las soluciones explicadas a estos ejercicios.

TAREA 3 Ejercicio 5

⧗ HORA DE INICIO ___:___

Instrucciones
Va a leer seis anuncios. A continuación, responda a las preguntas (13-18). Seleccione la opción correcta (A, B o C).
Marque las opciones elegidas en la **Hoja de respuestas.**

Ejemplo:

TEXTO 0

Escáner de fotos. No necesita ordenador para utilizarlo. Escanea fotografías de diferentes tamaños. Fácil de usar. Medidas: 18 x 13 x 20 cm.

0. Este aparato…

A) existe en varios tamaños.
B) se puede usar sin ordenador.
C) escanea fotos de 20 cm.

La opción correcta es la **B.**

   A B C
0.☐ ■ ☐

TEXTO 1

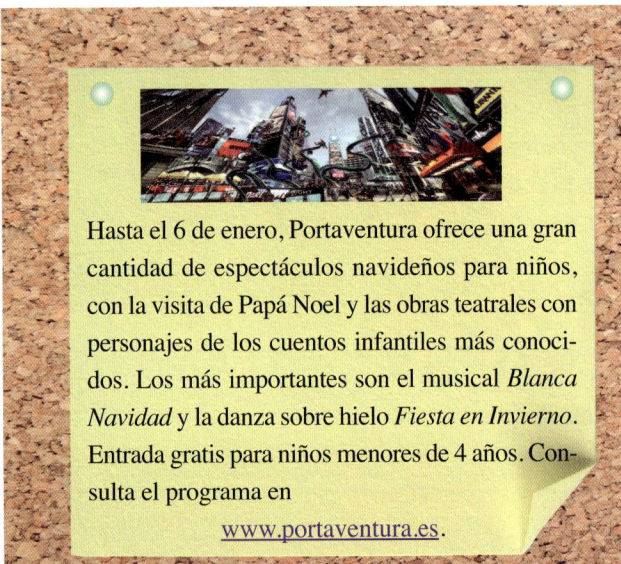

Hasta el 6 de enero, Portaventura ofrece una gran cantidad de espectáculos navideños para niños, con la visita de Papá Noel y las obras teatrales con personajes de los cuentos infantiles más conocidos. Los más importantes son el musical *Blanca Navidad* y la danza sobre hielo *Fiesta en Invierno*. Entrada gratis para niños menores de 4 años. Consulta el programa en
www.portaventura.es.

TEXTO 2

Estimados socios:
Las personas inscritas en la excursión al Monasterio de Piedra deben estar en el lugar de la salida (plaza de la Libertad, junto al quiosco de prensa) a las 7:00 de la mañana.
Se recuerda que la vuelta está prevista para las 7:00 de la tarde. Hay una parada para el desayuno a las 11:00 horas en la autopista, cerca de Zaragoza.

13. En este parque de atracciones, los espectáculos…
A) no cuestan dinero.
B) son para mayores de 4 años.
C) terminan en enero.

14. El viaje…
A) dura varios días.
B) comienza a las 7:00 de la mañana.
C) incluye comidas.

TEXTO 3

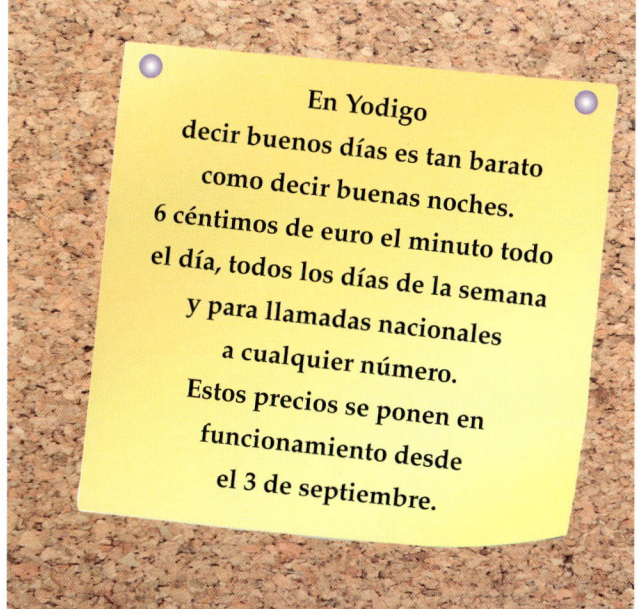

En Yodigo
decir buenos días es tan barato
como decir buenas noches.
6 céntimos de euro el minuto todo
el día, todos los días de la semana
y para llamadas nacionales
a cualquier número.
Estos precios se ponen en
funcionamiento desde
el 3 de septiembre.

15. Esta empresa telefónica…
A) no permite llamar al extranjero.
B) empieza a funcionar en septiembre.
C) cobra el mismo precio a todas horas.

TEXTO 4

Se necesita camarero/a,
de 18 a 29 años,
con experiencia
para restaurante en zona
centro de Santiago.
Buen sueldo,
horario flexible,
descanso los lunes.
Tfno.: 981 107 332.
Llamar de 11:00 a 14:00 horas.

16. En este restaurante, la persona va a trabajar…
A) todos los días a la misma hora.
B) de martes a domingos.
C) de 11:00 de la mañana a 2:00 de la tarde.

TEXTO 5

El muñeco más divertido de la tele.
Enseña a tus hijos los números, las formas
y los colores, entrena su capacidad lógica,
de asociación y matemática.
Por solo 40 euros.
Y tiene muchas ventajas:
–Cómpralo en Internet y
recógelo en el centro
comercial más cercano a tu
casa.
–Paga en tres meses.
Hacer realidad tus sueños cuesta muy poco.

17. Este producto...
A) educa a los niños.
B) solo sirve para jugar.
C) lo envían a casa.

TEXTO 6

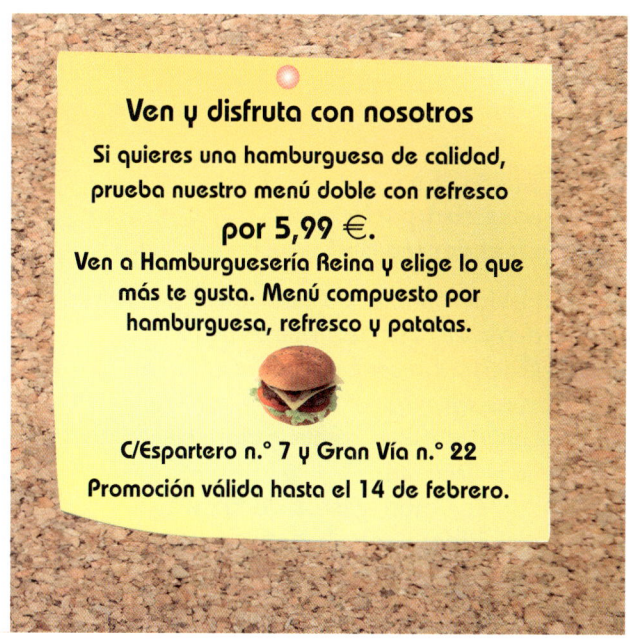

Ven y disfruta con nosotros
Si quieres una hamburguesa de calidad,
prueba nuestro menú doble con refresco
por 5,99 €.
Ven a Hamburguesería Reina y elige lo que
más te gusta. Menú compuesto por
hamburguesa, refresco y patatas.

C/Espartero n.º 7 y Gran Vía n.º 22
Promoción válida hasta el 14 de febrero.

18. En estos restaurantes,…
A) con un menú te regalan otro.
B) en el menú hay una bebida.
C) el menú cuesta el doble.

 **HORA DE FINALIZACIÓN __:___**

TAREA 3 Ejercicio 6

⏳ HORA DE INICIO ___:___

Instrucciones

Va a leer seis anuncios. A continuación, responda a las preguntas (13-18). Seleccione la opción correcta (A, B o C).

Marque las opciones elegidas en la **Hoja de respuestas.**

Ejemplo:

TEXTO 0

Exposición *Había una vez un niño.* Más de 50 fotografías de Juan Díaz tomadas en la India contra el trabajo infantil. Mercado de la plaza de España. Hasta el miércoles 1 de diciembre. De 10:00 a 15:00 y de 16:00 a 22:00. Entrada libre.

0. Esta exposición fotográfica está abierta…

    A) hasta medianoche.
    B) hasta mediodía.
    C) hasta diciembre.

La opción correcta es la **B.**

    A B C
0. ☐ ☐ ■

TEXTO 1

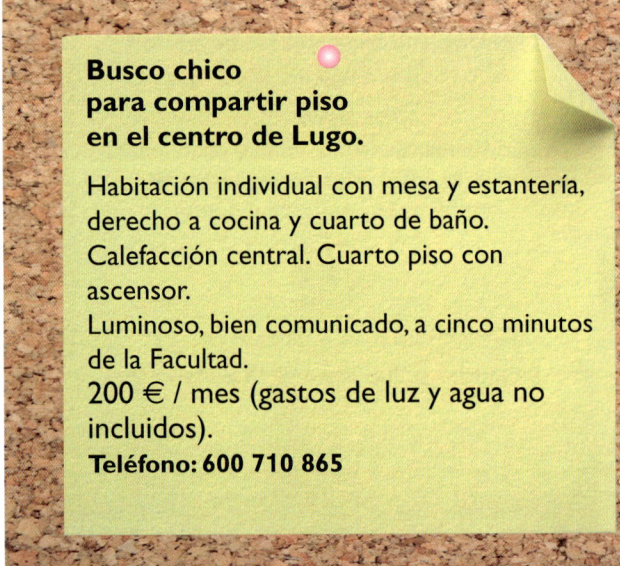

TEXTO 2

13. El piso que se anuncia…
    A) es bueno para estudiantes.
    B) tiene un solo dormitorio.
    C) está en el último piso.

14. El profesor da las clases…
    A) una vez al mes.
    B) de música moderna.
    C) en casa del alumno.

TEXTO 3

Señora responsable se ofrece
para hacer trabajos domésticos
(lavado, planchado, limpieza…),
cuidado de niños
y personas mayores,
limpieza de escaleras, etc.
Años de experiencia.

Precios muy baratos.

Elena: 673 126 405

15. La señora ofrece sus servicios para…
    A) tareas de casa.
    B) trabajo de oficina.
    C) limpieza solamente.

TEXTO 4

Si desea suscribirse a nuestro Boletín semanal gratuito *Vida sana*, rellene el formulario con sus datos.
Si usted vive en Argentina, puede utilizar las siguientes formas de pago: tarjeta de crédito o pago en el banco.
Si usted vive en Colombia, Chile, Perú, Panamá o en Europa, escríbanos un correo electrónico para ponerse en contacto con nuestros centros de ventas.
Si desea realizar la compra con tarjeta de crédito en dólares, realice su pedido y seleccione la opción "Pago Tarjetas de Crédito".
Para ver la lista de precios en moneda local, seleccione su país o moneda.

16. Los productos que se anuncian en el Boletín…
    A) solamente se venden en dólares.
    B) son gratuitos en algunos países.
    C) se venden en diferentes países.

TEXTO 5

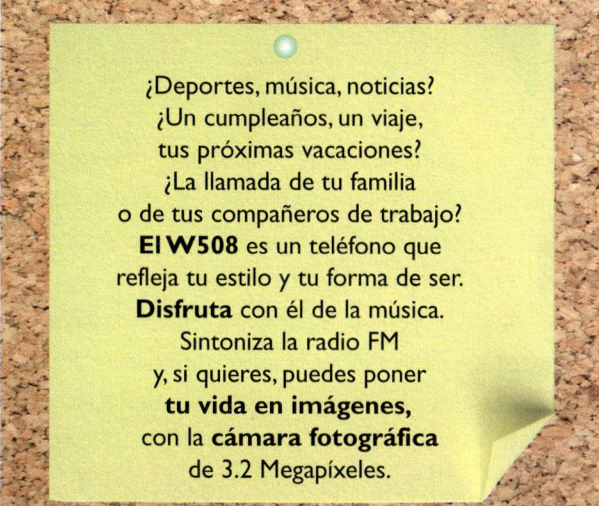

¿Deportes, música, noticias?
¿Un cumpleaños, un viaje,
tus próximas vacaciones?
¿La llamada de tu familia
o de tus compañeros de trabajo?
El W508 es un teléfono que
refleja tu estilo y tu forma de ser.
Disfruta con él de la música.
Sintoniza la radio FM
y, si quieres, puedes poner
tu vida en imágenes,
con la **cámara fotográfica**
de 3.2 Megapíxeles.

17. Con este teléfono móvil…
    A) se puede ganar un viaje.
    B) también se escucha la radio.
    C) sirve para navegar por Internet.

TEXTO 6

Profesora especialista

imparte clases particulares
a todos los niveles educativos.

Francés, inglés,
historia, matemáticas,
lengua, ciencias.

Teléfono: 916 662 649 (Silvia).

Todas las tardes
y fines de semana.

18. Estas clases son…
    A) para aprender varias materias.
    B) solo sábados y domingos.
    C) para universitarios solamente.

HORA DE FINALIZACIÓN ___:___

La tarea

Tienes **nueve textos** que hay que relacionar con **siete enunciados.**

Los textos suelen tener **cincuenta palabras** como máximo.

Los textos son **informaciones cortas** sobre un mismo tema que pueden aparecer en **carteleras de espectáculos, guías urbanas o de ocio, folletos o catálogos informativos.**

En el examen hay un ejemplo que se corresponde con el enunciado 0.

Tienes **diez minutos** ⧗ aproximadamente para hacer esta tarea.

Instrucciones y estrategias

Vamos a hacer un ejemplo a partir de textos que recogen informaciones acerca de caminos turísticos creados sobre antiguas vías de tren.

Primero lee todos los enunciados y subraya ✐ la palabra o grupos de palabras más importantes, por ejemplo:

	ENUNCIADOS	TEXTOS
0	<u>Acaba</u> en un <u>pueblo de la provincia de Córdoba</u>.	C
19	<u>Comunica</u> la <u>costa</u> con la <u>montaña</u>.	
20	El <u>tren funcionó</u> hasta la <u>década</u> de los <u>cincuenta</u>.	
21	Se puede <u>recorrer</u> en <u>bicicleta</u>.	
22	Se llama así por unos <u>animales</u> que <u>viven cerca</u>.	
23	En el <u>futuro</u> será <u>más largo</u> que <u>ahora</u>.	
24	Es el <u>camino</u> más <u>corto</u>.	

Después, lee uno por uno los diez textos.

A veces, determinadas palabras pueden estar en dos textos. Por ejemplo, las palabras "costa" y "montaña" del enunciado 19 de nuestro ejemplo aparecen en el texto A y B.

A. Ojos negros (Teruel/Castellón)

78 kilómetros. Inicio y llegada: de Barracas (Castellón) a Celia (Teruel). El tren comunicaba la costa valenciana con el valle de Jiloca a través del Alto Palancia. Dejó de funcionar a finales de los años setenta. Atraviesa magníficos paisajes de montaña mediterránea, con zonas de bosque.

B. Del río Serpis (Alicante/Valencia)

40 kilómetros. Inicio y llegada: de Muro de Alcoy (Alicante) a Gandía (Valencia). La línea, que dejó de funcionar en 1969, unía la costa valenciana con la montaña de Alcoy a través de un paisaje mediterráneo. La parte más interesante es el Racó del Duc, un paso muy estrecho del río Serpis.

En el caso del texto A, se habla de la costa porque el inicio de la línea de tren está en la costa valenciana. Se habla también de montaña porque se dice que esta línea atraviesa magníficos paisajes de montaña, pero la montaña no es el final del recorrido. Sin embargo, en el texto B, se dice claramente que la línea unía la costa valenciana con la montaña de Alcoy.

Ahora puedes escribir la respuesta en el cuadro.

ENUNCIADOS	TEXTOS
<u>Comunica</u> la <u>costa</u> con la <u>montaña</u>.	B

Además, escribe el número 19 sobre el texto del anuncio para no volver a utilizarlo en tus respuestas.

B. Del río Serpis (Alicante/Valencia)

40 kilómetros. Inicio y llegada: de Muro de Alcoy (Alicante) a Gandía (Valencia). La línea, que dejó de funcionar en 1969, unía la costa valenciana con la montaña de Alcoy a través de un paisaje mediterráneo. La parte más interesante es el Racó del Duc, un paso muy estrecho del río Serpis. Enunciado 19.

(**Para practicar**)

➤ Ahora puedes hacer los ejercicios 7 y 8 de esta tarea (páginas 26-27 y 28-29)

➤ Recuerda que en www.enclave-ele.net/dele tienes las soluciones explicadas a estos ejercicios.

TAREA 4 Ejercicio 7

⏳ HORA DE INICIO ___:___

Instrucciones

Lea los siete enunciados y los diez textos de este programa de cine. A continuación, seleccione el texto (A-J) que corresponde a cada enunciado (19-24).

Hay diez textos, incluido el ejemplo. Seleccione seis.

Marque las opciones elegidas en la **Hoja de respuestas.**

Ejemplo:

0. Se cuenta la vida de un artista.

La opción correcta es la **C.**

```
   A B C D E F G H I J
0. ☐ ☐ ■ ☐ ☐ ☐ ☐ ☐ ☐ ☐
```

	ENUNCIADOS	TEXTOS
0.	Se cuenta la vida de un artista.	C
19.	La pueden ver personas de todas las edades.	
20.	Dura un poco más de dos horas.	
21.	La dirigió una mujer.	
22.	Todos los personajes están solos.	
23.	La historia se desarrolla a través de canciones.	
24.	Uno de sus actores protagoniza también *Lugares comunes.*	

⏳ HORA DE FINALIZACIÓN ___:___

PROGRAMA DE CINE

A. *Atlas de geografía humana*

Fran, Rosa, Ana y Marisa trabajan haciendo un *Atlas de Geografía.* Mientras preparan el *Atlas,* se irán enfrentando a amores, infidelidades y reconciliaciones que les harán definir sus vidas. Directora: Azucena Rodríguez. Intérpretes: Cuca Escribano, Montse Germán. 106 min. Drama (España). 13 años.

B. *El corazón de la tierra*

En 1988, una compañía inglesa explota a sus trabajadores, entre los que hay muchos niños. Un día aparece en la zona un extranjero que consigue unir a los mineros y campesinos. Director: Antonio Cuadri. Intérpretes: Catalina Sandino, Sienna Guillory. 123 min. Drama (España-Reino Unido). 13 años.

C. *Lola*

Lola Flores es una niña de ocho años que vive en Jerez. Ya a esa edad le encanta el baile flamenco. Es el año 1935, y la joven Lola decide ser una gran bailaora. Director: Miguel Hermoso. Intérpretes: Gala Évora, Ana Fernández. 115 min. Drama (España). 18 años.

D. *Moscow Zero*

El antropólogo ruso Sergei Spassky baja al subsuelo por una compleja red de túneles para descubrir la verdad sobre los asesinatos que han cometido los seres que habitan esos lugares. Director: Antonio Luna. Intérpretes: Vincent Gallo, Osana Akinshina. 90 min. Thriller (España-EE. UU.-Reino Unido). 13 años.

E. *Pudor*

Un hombre que va a morir, una mujer que recibe cartas sin firma, un hombre mayor a quien el amor ofrece una última oportunidad... Todos los personajes, a pesar de vivir juntos, están solos. Director: David Ulloa. Intérpretes: Nancho Novo, Elvira Mínguez. 113 min. Drama (España). 13 años.

F. *Teresa: el cuerpo de Cristo*

Teresa de Cepeda y Ahumada no acepta ser una mujer en un mundo de hombres, no quiere limitarse a ser esposa y madre. Director: Ray Loriga. Intérpretes: Paz Vega, Leonor Watling. 119 min. Drama (España-Reino Unido-Francia). 18 años.

G. *Lugares comunes*

Fernando es profesor de pedagogía en una universidad argentina. Está casado con Liliana; son amigos, socios, amantes... El mundo de Fernando cambia totalmente cuando le comunican que tiene que jubilarse obligatoriamente. Director: Adolfo Aristarain. Intérpretes: Federico Luppi, Mercedes Sampietro, Arturo Puig. 108 min. Drama (Argentina). Todos los públicos.

H. *Buena Vista Social Club*

El músico Ry Cooder hablaba constantemente sobre la grabación de un disco con viejos músicos cubanos. Su música va uniendo las historias de cada músico hasta llegar al concierto final de todos los artistas en Nueva York. Director: Wim Wenders. Intérpretes: Ry Cooder, Compay Segundo, Omara Portuondo. 112 min. Documental (Alemania-Estados Unidos-Cuba). 13 años.

I. *El espinazo del diablo*

Carlos, un niño de 12 años, llega a un colegio donde conviven los chicos que han salido de sus casas a causa de la Guerra Civil española. Juntos van a descubrir el secreto de la muerte de un niño. Director: Guillermo del Toro. Intérpretes: Marisa Paredes, Eduardo Noriega, Federico Luppi. 105 min. Drama (España-México). 18 años.

J. *Historias del Kronen*

Carlos es un joven estudiante que acaba de cumplir los 21 años. Es simpático y le encanta reunirse con sus amigos en el Kronen, un bar al que van todos los días. Director: Montxo Armendáriz. Intérpretes: Juan Diego Botto, Jordi Mollà. 91 min. Drama (España). 13 años.

 **HORA DE FINALIZACIÓN __:__**

TAREA 4 Ejercicio 8

⏳ HORA DE INICIO ___:___

Instrucciones

Lea los siete enunciados y los diez textos de estas biografías de mujeres hispanohablantes.
A continuación, seleccione el texto (A-J) que corresponde a cada enunciado (19-24).
Hay diez textos, incluido el ejemplo. Seleccione seis.
Marque las opciones elegidas en la **Hoja de respuestas.**

Ejemplo:

0. Historiadora del siglo XIX.

La opción correcta es la **A.**

```
    A  B  C  D  E  F  G  H  I  J
0. ■ □ □ □ □ □ □ □ □ □
```

	ENUNCIADOS	TEXTOS
0.	Historiadora del siglo XIX.	A
19.	Actriz que se casó dos veces.	
20.	Firmó sus obras con otro nombre.	
21.	Tradujo obras de teatro al español.	
22.	Murió exiliada en América.	
23.	Es una bailarina conocida en el mundo entero.	
24.	Nació y murió en la misma ciudad.	

MUJERES HISPANOHABLANTES

A. Soledad Acosta de Samper
(Bogotá, 1833-Panamá, 1913).
La escritora e investigadora colombiana más importante del siglo XIX es un modelo para la historia de la cultura por su dedicación al trabajo y por la calidad de su obra, muy desconocida en la actualidad.

B. María Maeztu y Whitney
(Vitoria, 1881-Mar del Plata, 1948).
Estudió magisterio y ejerció como profesora de la Escuela Normal. En 1915 fundó la Residencia de Señoritas de Madrid, que dirigió hasta 1936. Se exilió en Argentina, donde impartió clases de Pedagogía en la Universidad.

C. Gertrudis Gómez de Avellaneda
(Puerto Príncipe, 1814-Madrid, 1873).
Escritora, pertenece a la historia literaria cubana y a la española; llegó a ser una de las poetas más importantes del Romanticismo. Entre sus principales obras está *La sonámbula* (1854) y *Baltasar* (1859), obra maestra del teatro romántico.

D. Mercedes Sosa
(San Miguel de Tucumán, 1935-Buenos Aires, 2009).
Una de las mejores voces de América Latina, intérprete de la nueva canción latinoamericana. Se hizo famosa con la canción *Alfonsina y el mar.* Naciones Unidas la premió por su labor en defensa de los derechos de la mujer.

E. María Félix
(Sonora, 1914-México D. F., 2002).
Rodó 47 películas. Su primer papel fue en el melodrama *El peñón de las ánimas* (1942) y, a partir de entonces, siempre se interpretó a sí misma. Se casó con el compositor Agustín Lara y con el cantante Jorge Negrete.

F. Alicia Alonso
(La Habana, 1921).
Directora del Ballet Nacional de Cuba, es una de las personas más importantes en la historia de la danza clásica iberoamericana. Inició sus estudios en 1931 en la Escuela de Ballet de la Sociedad Pro-Arte Musical y los continuó en Estados Unidos.

G. Fernán Caballero
(Suiza, 1796-Sevilla, 1877).
Seudónimo de la novelista española de origen suizo Cecilia Böhl de Faber. Su novela *La Gaviota* (1849) es la primera novela moderna española, con mucho diálogo y gran cantidad de cuentos, anécdotas populares, canciones y versos de los campesinos.

H. María de la O Lejárraga
(San Millán de la Cogolla, 1874-Buenos Aires, 1974).
Es la autora de una obra de gran éxito. Estuvo casada con el empresario y novelista Gregorio Martínez Sierra. Publicó un centenar de novelas, dramas, ensayos..., así como traducciones de obras dramáticas de autores como Shakespeare.

I. Violeta Barrios de Chamorro
(Rivas, Nicaragua, 1929).
Primera mujer presidenta de un país centroamericano. Obtuvo la presidencia de Nicaragua en abril de 1990 al frente de la Unión Nacional Opositora, en las primeras elecciones presidenciales libres y democráticas celebradas en Nicaragua desde 1934.

J. Alicia de Larrocha
(Barcelona, 1923-2009).
Una de las mejores pianistas del mundo. Tocó en las orquestas más importantes del mundo. En 1982 obtuvo la Medalla al Mérito de las Bellas Artes y fue especialista en las obras de los grandes músicos españoles (Manuel de Falla, Joaquín Turina, Antonio Soler y Federico Mompou).

(Diccionario de Mujeres, Lydia Escribano.
Acento Editorial. Madrid. 2003).

 **HORA DE FINALIZACIÓN** ___:____

INSTRUCCIONES Y ESTRATEGIAS SOBRE LA TAREA 5 DE COMPRENSIÓN DE LECTURA

La tarea

Tienes un **texto** con **seis preguntas de opción múltiple** (A, B, C).

El texto tiene **cuatrocientas palabras** aproximadamente y suele estar dividido en seis o siete párrafos, de manera que, en cada párrafo, se suele tratar una de las preguntas. No tiene que ser siempre así, pero es habitual.

Los textos suelen ser **biografías, noticias** o **cuentos.**

Algunas **preguntas** son de **carácter general** y otras son sobre **hechos más concretos.**

Tienes **quince minutos** ⏳ para hacer esta tarea, que es la más difícil de esta prueba.

⚙ Instrucciones y estrategias

Vamos a hacer un ejemplo a partir de un texto sobre Miguel Hernández y Luis Rosales.

En nuestro ejemplo, hay dos preguntas de carácter general, sobre el sentido del texto (la 25 y la 26) y cuatro preguntas más concretas (la 27, 28, 29 y 30). Lee las seis preguntas y sus opciones de respuesta y subraya ✏ la palabra o grupo de palabras más importante.

25. En este texto, se habla de…
   A) la vida de dos poetas.
   B) la obra de dos novelistas.
   C) las ciudades de dos escritores.

26. Entre los dos autores…
   A) hay grandes diferencias.
   C) existen muchos parecidos.
   B) hay algunos hechos en común.

27. Miguel Hernández…
   A) nació en una ciudad importante.
   B) cambió de opinión a lo largo de su vida.
   C) escribió su teatro como poemas.

28. Luis Rosales y Miguel Hernández se conocieron…
   A) en la presentación de un libro.
   B) en un restaurante de Argentina.
   C) en la presentación de una revista.

29. Según el texto, *El rayo que no cesa*…
   A) se publicó en 1936.
   B) es su primer libro.
   C) es un drama.

30. Según el texto…
   A) Luis Rosales unió el pasado y la memoria en su poesía.
   B) los dos escritores quisieron hacer una poesía clásica.
   C) Miguel Hérnández solucionó sus problemas escribiendo.

Lee el texto, subrayando ✏ los temas que aparecen en las preguntas y poniendo en el margen el número de la pregunta correspondiente.

25	Miguel Hernández y Luis Rosales, dos grandes <u>poetas</u> del siglo XX, nacieron en 1910.
26	<u>La vida los acercó y los alejó y los volvió a juntar</u> formando una historia muy interesante para el lector de poesía. Miguel Hernández era un muchacho seguro de de sí mismo, dispuesto a crecer en el ambiente de su pueblo, Orihuela, con la misma fuerza que demostró después en su vida madrileña y durante la Guerra Civil.
27	<u>Escribió poemas y obras de teatro que defendían cosas muy diferentes, según la época en que los escribió.</u> Luis Rosales era un muchacho tímido, oculto detrás de unas gafas grandes, que vivió tranquilo y alegre en su Granada natal.
28	Cuando los dos, Miguel y Luis, <u>coinciden, en 1935, en la presentación del último número de la revista *El gallo crisis*</u>, Miguel Hernández está empezando a cambiar. Utiliza ya su conocimiento del verso para darle entrada a una realidad urbana y sentimental. Es el
29	mundo que <u>al año siguiente madura en su libro *El rayo que no cesa*</u>.

Luis Rosales mantiene en su primer libro, *Abril,* el interés por la forma. Los dos libros son obras importantes en una generación que valora mucho el contenido de los poemas.

Rosales intenta relacionar el presente y el pasado: la memoria y la esperanza. Miguel, por su parte, con poca formación intelectual, pero con una fuerza poética grandísima, utiliza la poesía para expresar sus problemas y sus inquietudes.

Pero <u>ninguno de los dos poetas pudo hacer una poesía clásica</u>. En una foto del año 1936 se ve a un grupo de poetas que se han reunido en Madrid, en el restaurante Buenos Aires, para celebrar la publicación del libro de Vicente Aleixandre *La destrucción o el amor*. De pie, empezando por la izquierda, aparecen Miguel Hernández y Luis Rosales. Allí se encuentran los dos entre sus compañeros y amigos, Neruda y los maestros de la Generación del 27. Miguel sonríe mirando hacia el grupo; Rosales mira hacia la cámara detrás de sus gafas. [30]

(Adaptado de *Mercurio*. Número 120. Abril 2010. Pág. 8-9).

Para las preguntas de carácter general hay que sacar conclusiones de todo el texto. Para las otras preguntas, hay que mirar con atención los datos concretos. A veces hay que unir distintas informaciones para llegar a la respuesta correcta (por ejemplo, si el texto dice que Miguel y Luis coincidieron en 1935 y que el año siguiente Miguel Hernández madura en su libro *El rayo que no cesa*…, ese libro se publicó en 1936).

Los últimos minutos son para responder a las seis preguntas.

25. En este texto, se habla de…

A) **la vida de dos poetas** (se habla de lo que hicieron, no de sus obras ni de sus lugares de origen).

26. Entre los dos autores…

C) **hay algunos hechos en común** (no se parecen ni hay grandes diferencias, sino hechos, amigos y circunstancias en común).

27. Miguel Hernández…

B) **cambió de opinión a lo largo de su vida** (escribió cosas diferentes, según la época).

28. Luis Rosales y Miguel Hernández se conocieron…

C) **en la presentación de una revista** ("coinciden, en 1935, en la presentación del último número de la revista *El gallo crisis*").

29. Según el texto, *El rayo que no cesa*…

A) **se publicó en 1936** (se publicó el año después de coincidir en la presentación de una revista, en 1935; "Es el mundo que al año siguiente madura en su libro *El rayo que no cesa*").

30. Según el texto…

B) **los dos escritores quisieron hacer una poesía clásica** (quisieron, pero "ninguno de los dos poetas pudo hacer una poesía clásica").

Para practicar

➤ Ahora puedes hacer los ejercicios 9 y 10 de esta tarea (páginas 32-33 y 34-35).

➤ Recuerda que en <u>www.enclave-ele.net/dele</u> tienes las soluciones explicadas a estos ejercicios.

TAREA 5 Ejercicio 9

⏳ **HORA DE INICIO** ___:___

Instrucciones

Va a leer un fragmento de una novela en la que se habla del pintor Salvador Dalí. A continuación conteste a las preguntas (25-30). Seleccione la opción correcta (A, B o C).

Marque las opciones elegidas en la **Hoja de respuestas.**

DALÍ, Salvador (Figueres, 1904-1989). Era mejor escritor que pintor. Yo, cuando era muy joven, me divertía mucho en Cadaqués, muy cerca de su casa, leyendo *Diario de un genio.* Me sabía de memoria algunos párrafos y solía leerlos en reuniones con los amigos. Me acuerdo de un párrafo: "Hoy he recibido la visita de tres suecos perfectamente estúpidos". Esta cita la escribo de memoria, porque no he podido encontrarla en el libro que tengo.

¿Me la he inventado? Si es así, pido perdón a los suecos.

Recuerdo también de ese diario las enfermedades de estómago y de espalda que padeció y que a él le parecían maravillosas: "¡Esta enfermedad ha sido un regalo!".

Sin embargo, prefiero el diario que escribió Dalí cuando era adolescente y que se publicó en Cataluña hace poco tiempo. Esas páginas adolescentes son superiores a *Diario de un genio,* son más espontáneas. He llamado hace una hora al poeta Pedro Gimferrer para preguntarle cuál de los dos diarios de Dalí prefiere. "Para qué quieres saberlo", me ha preguntado Gimferrer, que es muy aficionado a querer saberlo todo. "No sé si quiero saberlo", le he dicho, "en realidad te he llamado porque quiero contar esta llamada en el diario que estoy escribiendo y que se ha convertido en novela y diccionario y cada vez se parece menos a un diario, sobre todo desde que hablo de cosas del pasado; por eso te he llamado, tal vez para tener algo que contar, para decir lo que ha ocurrido hoy, lo que ha pasado este jueves en la vida real: necesito un poco de presente".

Breve silencio al otro lado del teléfono. "Si quieres", ha dicho de pronto Gimferrer, "te digo lo que para mí significa un diario de escritor". "Muy buena idea", le he contestado. "Lo que define un diario", me ha dicho, "es la existencia moral del individuo que escribe".

"Te comprendo, te comprendo muy bien", le he dicho. Nuevo silencio. "¿Quieres decirme algo más?", he preguntado. "No olvides", me ha dicho, "que la verdadera sustancia de un diario no son los acontecimientos externos, sino la evolución moral del autor".

"Gracias, Pedro", le he dicho, "muchas gracias, ahora puedo incluir algo de vida cotidiana en el diario, muchísimas gracias".

"No hay de qué, la vida es bella", ha dicho el poeta. Y ha colgado.

(Adaptado de *El mal de Montano,* Antonio Vila-Matas, Anagrama, Barcelona, 2007).

Preguntas

25. El texto habla de…
    A) las enfermedades del pintor Dalí.
    B) los textos autobiográficos de Dalí.
    C) las visitas que recibía Dalí en Cadaqués.

26. Según el autor,…
    A) Dalí era un buen pintor.
    B) Dalí era un mal pintor.
    C) Dalí era un buen escritor.

27. Según el texto,…
    A) el autor vivía en la casa de Dalí.
    B) Dalí escribió su diario en Cataluña.
    C) el autor leyó el diario en Cadaqués.

28. Para Dalí, la enfermedad…
    A) era algo positivo.
    B) era muy dolorosa.
    C) era algo interesante.

29. La intención del autor al llamar a su amigo era…
    A) leerle un texto de Dalí.
    B) tener algo que contar.
    C) pedirle prestado un libro.

30. La conversación telefónica termina…
    A) porque se corta la línea.
    B) porque el autor se aburre.
    C) porque su amigo la acaba.

HORA DE FINALIZACIÓN ___:___

TAREA 5 Ejercicio 10

⧗ **HORA DE INICIO** ___ : ___

Instrucciones

Va a leer un comentario sobre la obra literaria de Roberto Bolaño. A continuación, conteste a las preguntas (25-30). Seleccione la opción correcta (A, B o C).
Marque las opciones elegidas en la **Hoja de respuestas.**

El ejemplo del escritor chileno Roberto Bolaño representa una de las carreras más sorprendentes de la historia de la literatura. Se consideraba poeta, pero empezó a escribir prosa en 1990, a los treinta y siete años, obsesionado por procurarle a su familia —estaba casado con la española Carolina López y ya tenía al primero de sus dos hijos— un futuro económico estable. Publicó su primera novela en solitario, sin éxito, a los cuarenta y cuatro años, edad en la que también escribió en sus diarios que estaba seguro de morir sin publicar nada. Se equivocaba: tan solo dos años después, en 1998, el chileno dejó de ser un autor desconocido para empezar a vivir de la literatura gracias a *Los detectives salvajes*, una novela con la que obtuvo muy pronto dos premios importantes: el Herralde de Novela, y el Rómulo Gallegos, algo así como el Nobel latinoamericano.

Lo que ocurrió después se parece al final de la historia, pero es solo el principio. En julio de 2003, el chileno murió víctima de una enfermedad que sufría desde que era joven. Bolaño tenía cincuenta años, estaba en lo más alto de su carrera y contaba con más de treinta contratos para publicar parte de su obra en países como Italia, Francia, Holanda y Reino Unido. En el momento de su muerte era, como mínimo, el escritor latinoamericano más importante de su generación, pero el chileno aún guardaba una última sorpresa. En 2004, tan solo un año después de la muerte del escritor, la editorial Anagrama publicó en un único volumen su monumental obra, *2666*.

A partir de *2666* empieza la leyenda de Roberto Bolaño. Tras la llegada de su obra a Estados Unidos, también en el panorama literario en lengua inglesa fue cada vez más conocido.

El chileno llegó a Cataluña en 1977 para no volver a irse, y uno de los muchos trabajos que tuvo que hacer para sobrevivir en España fue vendedor en la tienda de su madre, pero también fue camarero, recepcionista de hotel y vigilante de un camping. Bolaño lo leyó casi todo y al final de su vida ya era capaz de pasearse por la historia de la literatura sin problemas.

En apenas diez años Bolaño pasó de ser un poeta marginal a ser el escritor latinoamericano más popular y traducido desde Gabriel García Márquez.

Para Bolaño escribir no era ni un acto natural ni un placer, sino una guerra que era necesario luchar con sentido común y lucidez. Cuando terminó de escribir *Los detectives salvajes,* le prometió a su amigo, el crítico Ignacio Echeverría, no volver a proyectar una novela tan grande: "Llegué a pensar en destruir la novela, ya que la veía como un monstruo que me comía". Sin embargo, en los últimos años de su vida, volvió a escribir una novela inmensa. Terminar *2666* se convirtió en su segunda enfermedad. Es una novela de género policíaco, que además es excesivamente larga, con más de mil páginas.

Bolaño nació en Santiago de Chile, pero no se consideraba chileno, sino latinoamericano y extranjero en cualquier parte.

(Babylan Magazine, Mediarama. Mayo 2009. Pág. 82-84).

Preguntas

25. Según el texto, Bolaño es…
    A) un novelista de ciencia ficción.
    B) el más traducido de su generación.
    C) un premio Nobel latinoamericano.

26. Según el texto, Roberto Bolaño…
    A) se casó cuando era muy joven.
    B) tuvo varios trabajos en Chile.
    C) escribía por necesidad económica.

27. El escritor chileno…
    A) vivió en Estados Unidos, Chile y España.
    B) publicó su primera novela con Echeverría.
    C) no quiso escribir novelas demasiado largas.

28. Roberto Bolaño murió…
    A) a causa de su segunda enfermedad.
    B) en un momento importante de su carrera.
    C) sin publicar ninguna novela.

29. 2666 es…
    A) una novela larga.
    B) una obra premiada.
    C) un relato breve.

30. En el momento de su muerte, la obra de Bolaño…
    A) era conocida en los Estados Unidos.
    B) iba a publicarse en diferentes países.
    C) estaba traducida a treinta lenguas.

La prueba de Comprensión Auditiva se divide en **cinco tareas,** con **treinta preguntas** en total, y dura **treinta y cinco minutos.** Los textos de esta prueba son conversaciones o anuncios, cortos y largos.

➤ La **tarea 1** tiene **siete preguntas,** cada una sobre un **anuncio breve** que escucharás. Cada **pregunta** tiene **tres opciones** y debes elegir la correcta. Esta tarea tiene un ejemplo.

➤ La **tarea 2** tiene **seis preguntas** sobre un **grupo de anuncios,** una noticia. Cada **pregunta** tiene **tres opciones** y debes elegir la correcta. El texto es más largo y la información se busca en todo el texto.

➤ La **tarea 3** tiene **seis mensajes,** que hay que relacionar con **nueve anuncios.** Esta tarea tiene un ejemplo.

➤ La **tarea 4** tiene **seis preguntas** sobre una **conversación** entre dos personas. Cada pregunta tiene **tres opciones** y debes elegir la correcta.

➤ La **tarea 5** tiene **cinco enunciados** que hay que relacionar con **imágenes** en función de la información que vas a escuchar en una **conversación.** El texto es más largo y la información se busca en todo el texto.

En todas las tareas de esta prueba, debes seguir los siguientes pasos:

– Leer las preguntas y <u>subrayar</u> la palabra o palabras más importantes. Así puedes imaginar de qué tema trata la audición, antes de escucharla.

– Escribir durante la audición las palabras más importantes que escuches para recordar lo que se dice y elegir la opción correcta. Cada texto se escucha dos veces, así que escribe las palabras sin dejar de estar atento a la audición.

– Si dejas una palabra sin terminar durante la primera audición, puedes completarla durante la pausa o en la segunda audición. Escribe las palabras en español, no en tu lengua, porque tiene que ser lo más literal posible.

Dos últimos consejos sobre esta prueba:

▶ Es importante ganar tiempo para las tareas 4 y 5. Por eso, intenta terminar un poco antes las tareas 3 y 4 con el fin de leer las preguntas de las tareas siguientes.

▶ En la mayoría de los casos, no vas a escuchar las palabras del enunciado de una pregunta en la audición; por eso, es bueno escribir lo que escuches para leerlo y decidir cuál es la respuesta correcta.

INSTRUCCIONES Y ESTRATEGIAS SOBRE LA **TAREA 1** DE COMPRENSIÓN AUDITIVA

La tarea

Tienes **siete anuncios de radio** con una **pregunta de opción múltiple** (A, B, C). Los anuncios se repiten dos veces.

Los anuncios son los que habitualmente se escuchan en **titulares de noticias, anuncios de televisión** o **radio.**

En el examen hay un **ejemplo,** con una pregunta 0.

Hay que comprender tanto el **sentido general del anuncio** como los **datos importantes** sobre los que se pregunta.

Instrucciones y estrategias

Vamos a hacer un ejemplo con un anuncio sobre una lavadora.

Antes de escuchar el texto, lee las preguntas y las respuestas y subraya la palabra o grupo de palabras principales.

0. La lavadora Masai se vende…
    A) con un 20 % de descuento.
    B) durante este año solamente.
    C) más barata una semana.

Descuento se refiere al precio.
Año se refiere al tiempo.
Barata/semana se refiere al tiempo y al precio.

Prepárate a escuchar el audio (pista 1 ⊙♫), por primera vez, de forma activa, es decir, con el lápiz en la mano. Toma notas durante la audición (copia literalmente dos o tres palabras sobre los temas que nos interesan en este anuncio, precio y tiempo, por ejemplo).

Lunes-domingo	precio excepcional,	pago 12 meses

Literalmente, también has escuchado el 20 % (veinte por ciento), pero no se refiere al precio ni al descuento, sino al consumo de energía.

Cuando termine la primera audición, debes tener una idea aproximada de la respuesta correcta. La segunda vez que escuches el audio es para confirmar que tu opción es correcta.

Con las notas que has tomado:
– la opción A) no es posible porque no se dice cuánto cuesta la lavadora;
– en la opción B) aparece la idea del año, los doce meses, pero se refiere al tiempo para pagarla;
– en la opción C), hay un tiempo, la semana (lunes-domingo) durante la cual hay un "precio excepcional", y por tanto, en esta opción aparecen las dos ideas, precio y tiempo.

La lavadora Masai se vende…
A) con un 20 % de descuento.
B) durante este año solamente.
C) **más barata una semana.**

En este momento es cuando contestamos, con lápiz ✏, en la **Hoja de respuestas.**

A   B   C
□   □   ▬

Ahora que ya has contestado a la primera pregunta, es importante que te prepares para la siguiente.

Entre este anuncio y el siguiente, lee el enunciado y las respuestas de la segunda pregunta, <u>subrayando</u> ✏ lo más importante.

(**Para practicar**)

➤ Ahora puedes hacer los ejercicios 11 y 12 de esta tarea (páginas 39 y 40) que se corresponden con las pistas 2 y 3 ⊙♫.

➤ Recuerda que en <u>www.enclave-ele.net/dele</u> tienes las soluciones explicadas a estos ejercicios.

TAREA 1 Ejercicio 11 - Pista 2 ⊙♫

⏳ **HORA DE INICIO** ___:___

Instrucciones

Usted va a escuchar siete anuncios de radio. Los anuncios se repiten dos veces. Seleccione la opción correcta (A, B o C) para cada pregunta sobre los anuncios.

Marque las opciones seleccionadas en la **Hoja de respuestas.**

A continuación va a oír un ejemplo:

0. Si van a la tercera planta, los clientes pueden…
   A) conseguir gratis una novela.
   B) hablar con actores.
   C) escuchar una conferencia.

La opción correcta es la **C.**

A B C
0. ☐ ☐ ■

Preguntas

1. Este anuncio trata de…
   A) una tienda de regalos.
   B) un centro comercial.
   C) una marca de moda.

2. Entre las actividades programadas, hay…
   A) conferencias sobre danza.
   B) exposiciones de fotografía.
   C) conciertos y obras de teatro.

3. Esta empresa se dedica…
   A) al transporte.
   B) a la energía.
   C) al medioambiente.

4. En Ibiza hay un solo…
   A) paisaje natural.
   B) pueblo costero.
   C) parque natural.

5. Este es el anuncio de un hotel…
   A) lujoso.
   B) barato.
   C) turístico.

6. Este anuncio trata de…
   A) un restaurante vegetariano.
   B) una sala de conciertos.
   C) una cafetería-restaurante.

7. Las excursiones se realizan…
   A) todos los fines de semana.
   B) en verano especialmente.
   C) en cualquier estación.

⏳ **HORA DE FINALIZACIÓN** ___:___

TAREA 1 Ejercicio 12 - Pista 3 ⊙♫

⌛ **HORA DE INICIO** ___:___

Instrucciones

Usted va a escuchar siete anuncios de radio. Los anuncios se repiten dos veces. Seleccione la opción correcta (A, B o C) para cada pregunta sobre los anuncios.

Marque las opciones seleccionadas en la **Hoja de respuestas.**

A continuación va a oír un ejemplo:

0. El tren de Valladolid…
    A) sale del andén 17.
    B) llega al andén 16.
    C) llega a las 7:00 de la tarde.

La opción correcta es la **C.**

   A B C

0. ☐ ☐ ■

Preguntas

1. Este anuncio habla de un festival de…
   A) teatro.
   B) música.
   C) cine.

2. En el mercado de la salud hay…
   A) hierbas.
   B) aceites.
   C) frutas.

3. Este anuncio es de…
   A) una librería.
   B) una novela.
   C) un concurso.

4. En esta página de Internet se puede…
   A) hacer la matrícula.
   B) conocer los cursos.
   C) estudiar idiomas.

5. Esta noticia habla de un concurso de…
   A) poesía.
   B) arte.
   C) revistas.

6. El hotel Eira…
   A) cuesta la mitad este mes.
   B) tiene muchas habitaciones.
   C) está en una estación de esquí.

7. Con esta oferta se puede llamar gratis…
   A) al extranjero.
   B) solo por las tardes.
   C) durante un mes.

⌛ **HORA DE FINALIZACIÓN** ___:___

INSTRUCCIONES Y ESTRATEGIAS SOBRE LA TAREA 2 DE COMPRENSIÓN AUDITIVA

La tarea

Tienes un **grupo de anuncios,** una **noticia de radio** o **una entrevista** y **seis preguntas de opción múltiple** (A, B, C). La audición dura unos **tres minutos** y la escucharás dos veces.

Tienes **35 segundos** antes de empezar la audición para **leer las preguntas.**

Hay dos preguntas de **carácter general** y el resto se refieren a **aspectos más concretos.**

⚙️ Instrucciones y estrategias

Vamos a hacer un ejemplo con un programa de radio.

Antes de escuchar el texto, recuerda que tienes más de medio minuto para leer las preguntas y <u>subrayar</u> ✏️ las palabras más importantes.

8. La tarjeta Astucar…
   A) tiene un <u>precio</u> especial.
   B) se utiliza para <u>pagar</u>.
   C) sirve en <u>diferentes lugares</u>.

9. En algunos <u>restaurantes</u> de la ciudad…
   A) se pueden elegir <u>tres postres</u>.
   B) se ofrecen <u>aperitivos gratis</u>.
   C) regalan <u>productos típicos</u>.

10. El <u>Palacio</u> de los <u>Niños</u> abre…
    A) a las <u>2:00 de la tarde</u>.
    B) a las <u>10:00 de la mañana</u>.
    C) a las <u>3:00 de la tarde</u>.

11. El campo de <u>deportes</u> de Las Caldas…
    A) abre <u>antes que el Palacio</u> de los Niños.
    B) <u>es más grande que el Museo</u> de Bellas Artes.
    C) tiene <u>más descuento</u> que los <u>restaurantes</u>.

12. Si tiene la tarjeta Asturcard en los <u>hoteles</u> Milenio, <u>no paga</u> por…
    A) las <u>bebidas</u> del minibar.
    B) navegar por <u>Internet</u>.
    C) <u>comer</u> en el <u>restaurante</u>.

13. Con esta tarjeta…
    A) hacen <u>precios especiales</u>.
    B) las <u>entradas</u> son <u>gratis</u>.
    C) los <u>museos</u> son <u>más baratos</u>.

Como puedes comprobar, tienes dos preguntas generales (la 8 y la 13) y en la 11 tienes que relacionar la información de varios anuncios.

Prepárate a escuchar el audio (Pista 4 ⊙ ♫), por primera vez, de forma activa, es decir, con el lápiz en la mano ✎ , tomando notas sobre lo que escuchas.

A continuación te ofrecemos un ejemplo de lo que podrías anotar en nuestro ejemplo.

8. La tarjeta Asturcard…
   A) tiene un precio especial. hace precios especiales
   B) se utiliza para pagar.
   C) sirve en diferentes lugares. en los siguientes establecimientos

9. En algunos restaurantes de la ciudad…
   A) se pueden elegir tres postres. un postre
   B) se ofrecen aperitivos gratis. tres aperitivos
   C) regalan productos típicos. hechos con productos típicos

10. El Palacio de los Niños abre…
    A) a las 2:00 de la tarde.
    B) a las 10:00 de la mañana. desde las 10
    C) a las 3:00 de la tarde.

11. El campo de deportes de Las Caldas…
    A) abre antes que el Palacio de los Niños. abre a las 6
    B) es más grande que el Museo de Bellas Artes. más grande de toda la región
    C) Tiene más descuento que los restaurantes. 10 % de descuento

12. Si tiene la tarjeta Asturcard en los hoteles de Milenio, no paga por…
    A) las bebidas del minibar. una bebida
    B) navegar por Internet. gratis conexión a Internet
    C) comer en el restaurante. 15 % descuento en comidas

13. Con esta tarjeta…
    A) hacen precios especiales.
    B) las entradas son gratis.
    C) Los museos son más baratos. museo visita guiada

8. La tarjeta Asturcard…
   A) tiene un precio especial. hace precios especiales
   B) se utiliza para pagar.
   C) sirve en diferentes lugares. en los siguientes establecimientos

En esta pregunta, de carácter general, se habla de la utilidad de la tarjeta, que no sirve para pagar (opción B), y no cuesta nada (opción A), pero sirve **en varios establecimientos o lugares (restaurantes, museos, centros de ocio…) (opción C).**

9. En algunos restaurantes de la ciudad…

    A) se pueden elegir tres postres. *un postre*

    B) se ofrecen aperitivos gratis. *tres aperitivos*

    C) regalan productos típicos. *hechos con productos típicos*

En esta pregunta, se habla de **tres aperitivos gratis (opción B),** y un solo postre, no tres (opción A), y sus menús están realizados con productos típicos, pero no se regalan (opción C).

10. El Palacio de los Niños abre…

    A) a las 2:00 de la tarde.

    B) a las 10:00 de la mañana. *desde las 10:00*

    C) a las tres de la tarde.

En esta pregunta, el horario de apertura del Palacio de los Niños es las 10:00 de la mañana.

11. El campo de deportes de Las Caldas…

    A) abre antes que el Palacio de los Niños. *abre a las 6*

    B) es más grande que el Museo de Bellas Artes. *más grande toda la región*

    C) tiene más descuentos que los restaurantes. *15 % descuento*

En el programa de radio, no se habla de la extensión del Campo de las Caldas en relación con el museo de Bellas Artes (opción B). Se dice que el campo de deportes de Las Caldas es el más grande de toda la región.
Tampoco se habla del descuento de los restaurantes, en general, (opción C). Se habla del descuento en el campo de deportes (10 %) y del descuento en las comidas, cafeterías y restaurantes de la cadena Milenio (15 %).
Para responder a esta pregunta, hay que relacionar la información sobre el campo de deportes (abre a las 6:00) con el horario de apertura del Palacio de los Niños (10:00 de la mañana). La **opción correcta** es la **A.**

12. Si tiene la tarjeta Asturcard en los hoteles Milenio, no paga por…

    A) las bebidas del minibar. *una bebida*

    B) navegar por Internet. *gratis conexión a Internet*

    C) comer en el restaurante. *15 % descuento en comidas*

En los hoteles Milenio, a los que se refiere esta pregunta, es gratis una sola bebida del minibar, no todas (opción A) y **conectarse a Internet (opción B),** pero en la cafetería (o restaurante) solo hay un descuento del 15 %.

13. Con esta tarjeta…

    A) hacen precios especiales.

    B) las entradas son gratis.

    C) los museos son más baratos. *museo visita guiada*

La última pregunta es de carácter general y trata sobre el uso de la tarjeta: en los restaurantes y algunos lugares de ocio hay descuento, pero las entradas no son gratis (opción B).

En el Museo de Bellas Artes las personas que tienen la tarjeta pueden hacer una visita guiada, pero la entrada al museo no es más barata (opción C).

En la mayoría de los lugares lo que hay son **precios especiales (opción A).**

Al resolver esta tarea, debes tener en cuenta lo siguiente:

- a veces, en el texto que escuchas y en alguna de las respuestas hay palabras parecidas, incluso iguales (un número, el nombre de una ciudad, una hora…), pero la pregunta puede referirse a otro tema;
- el orden de las informaciones puede ser diferente al orden en el que se pregunta por esos temas;
- en algunas preguntas hay que poner en relación varias informaciones que se escuchan en distintos momentos;
- las distintas informaciones, preguntas y respuestas o anuncios pueden señalarse con las voces de un hombre y una mujer para hacer más claro el cambio entre los temas.

Recuerda que entre una audición y otra tienes diez segundos y que, al final del ejercicio, tienes medio minuto para contestar en la hoja de respuestas. Si terminas de contestar a las preguntas antes de tiempo, lo mejor es aprovechar ese tiempo leyendo los enunciados y preguntas de la tarea 3.

Para practicar

- Ahora puedes hacer los ejercicios 13 y 14 de esta tarea (páginas 45 y 46) que se corresponden con las pistas 5 y 6.
- Recuerda que www.enclave-ele.net/dele tienes las soluciones explicadas a estos ejercicios.

TAREA 2 Ejercicio 13 - Pista 5 ⊙♫

⏳ HORA DE INICIO ___:___

Instrucciones

Va a escuchar un programa musical de radio. Escuchará el programa dos veces. Seleccione la opción correcta (A, B o C) para cada pregunta.

Marque las opciones elegidas en la **Hoja de respuestas.**

Ahora tiene 35 segundos para leer las preguntas.

Preguntas

8. El programa que ha escuchado es…
   A) diario.
   B) semanal.
   C) mensual.

9. En este programa se ha escuchado música…
   A) flamenca.
   B) de *jazz.*
   C) de tango.

10. La primera música que se escucha se toca con…
   A) un piano.
   B) ritmo africano.
   C) una guitarra.

11. Las canciones de Estrella Morente…
   A) tratan temas de siempre.
   B) están en su nuevo disco.
   C) son versiones antiguas.

12. Cristina Hoyos es…
   A) imaginativa.
   B) abuela.
   C) bailarina.

13. La canción de Diego el Cigala se llama…
   A) *Humor negro.*
   B) *Lágrimas negras.*
   C) *Amores negros.*

⏳ HORA DE FINALIZACIÓN ___:___

TAREA 2 Ejercicio 14 - Pista 6 ⊙♫

⏳ **HORA DE INICIO** ___:___

Instrucciones

Va a a escuchar los anuncios e informaciones que se realizan a través de la megafonía de un aeropuerto.
Escuchará los anuncios dos veces. Seleccione la opción correcta (A, B o C) para cada pregunta.
Marque las opciones elegidas en la **Hoja de respuestas.**
Ahora tiene 35 segundos para leer las preguntas.

Preguntas

8. El avión a Londres…
   A) va a salir una hora tarde.
   B) sale a las once menos cuarto.
   C) viene desde Argentina.

9. El avión de Atenas…
   A) va a aterrizar después de las nueve.
   B) aterriza después que el de Londres.
   C) llega por la puerta cercana a la cafetería.

10. Los autobuses que van a la ciudad…
    A) salen cada quince minutos.
    B) están en la zona de llegadas.
    C) se encuentran junto a los taxis.

11. En esta audición, se anuncia…
    A) la llegada de tres vuelos.
    B) la salida del vuelo a Berlín.
    C) la llegada del vuelo de Atenas.

12. Las maletas perdidas…
    A) están en la comisaría de policía.
    B) pueden reclamarse en la segunda planta.
    C) van a cambiarse por un billete.

13. Los viajeros del vuelo anunciado…
    A) deben tener el documento de identidad.
    B) deben estar media hora antes del vuelo.
    C) no pueden llevar el equipaje de mano.

⏳ **HORA DE FINALIZACIÓN** ___:___

La tarea

Tienes **seis mensajes de megafonía** o **mensajes de contestador automático** y **nueve enunciados.** Hay que relacionar cada mensaje con el enunciado correspondiente.

Los mensajes tienen unas **cincuenta palabras** (y duran unos **30 segundos,** aproximadamente). Escucharás cada mensaje dos veces.

En el examen hay un **ejemplo,** con un mensaje 0.

Son **mensajes** que **se escuchan a diario** (en la radio, en una llamada telefónica, en un aeropuerto o en un centro comercial). Sirven para saber la hora de salida de un autobús, si estás en una estación; o conocer el clima que va a hacer en los próximos días, si escuchas la radio, entre otros ejemplos.

Instrucciones y estrategias

Vamos a hacer un ejemplo a partir de los enunciados que te ofrecemos a continuación (uno de ellos está sombreado porque corresponde al ejemplo que se escucha al principio de la audición).

> Si tienes tiempo, este primer paso de leer y subrayar puedes hacerlo en los últimos minutos de la tarea 2.

Antes de escuchar la grabación, subraya  las palabras más importantes de cada enunciado.

ENUNCIADOS	
A.	Se cambia <u>dinero</u>.
B.	Lo incluye el <u>menú</u>.
C.	Recibe una <u>visita</u>.
D.	Están <u>cansados</u>.
E.	<u>Quedan</u> con un amigo.
F.	Para recibir el premio.
G.	Es una <u>receta</u> de cocina.
H.	<u>Reserva</u> una mesa.
I.	La invitan a una <u>fiesta</u>.
J.	Se van a <u>casar</u>.

Ahora, prepárate a escuchar el audio (pista 7 ☉🎵), por primera vez, de forma activa, es decir, con el lápiz en la mano .

En cada mensaje, vas a escribir las palabras más importantes que escuchas.

Utiliza símbolos (dólar, euro..) para escribir de manera más rápida.

Recuerda que es importante escribir varias palabras para cada mensaje.

	MENSAJES	ENUNCIADOS
	Mensaje 0	ganadores, sorteo, regalo
14.	Mensaje 1	cenar, restaurante, cinco personas
15.	Mensaje 2	€, $, monedas
16.	Mensaje 3	fríen patatas, huevos, sal, plato, aceite, tortilla
17.	Mensaje 4	quedado, película
18.	Mensaje 5	matrimonio, ceremonia, fiesta
19.	Mensaje 6	cumpleaños, celebrarlo, te esperamos

En el tiempo que tienes antes de la segunda audición, relaciona las notas que has escrito en cada uno de los mensajes con los enunciados.

En el mensaje 0 (que sirve como ejemplo), hay unos ganadores que pueden recoger un regalo; como se trata de un concurso o sorteo en el que hay un premio que deben recoger, la respuesta correcta es la **F**.

```
      A   B   C   D   E   F   G   H   I   J
14.  □   □   □   □   □   ■   □   □   □   □
```

Ahora debes hacer lo mismo con cada uno de los seis mensajes del examen.

14. Mensaje 1   cenar, restaurante, cinco personas

En este mensaje, Ismael Fernández da su número de teléfono porque está reservando una mesa en un restaurante para cenar el sábado siguiente. El **enunciado H** es el correcto y vas a señalarlo en la hoja de respuestas.

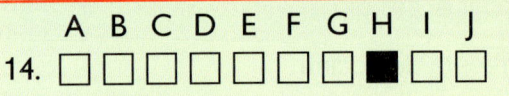

15. Mensaje 2   €, $, monedas

Este anuncio corresponde a un lugar donde "Se cambia dinero", por ese motivo, la respuesta correcta es el **enunciado A**.

16. Mensaje 3   *fríen patatas, huevos, sal , plato, aceite, tortilla*

Están dando una receta de cocina, y la respuesta correcta es el **enunciado G.** No se habla de un menú (como puede parecer por el enunciado B).

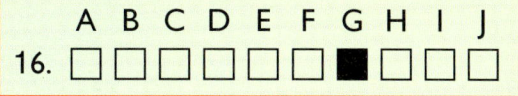

17. Mensaje 4   *quedado, película*

No se trata de una invitación para una fiesta **(enunciado I),** sino para ir al cine; pero se habla de que han quedado y, en este mensaje, conciertan una cita o "Quedan con un amigo", enunciado E.

18. Mensaje 5   *matrimonio, ceremonia, fiesta*

No se trata de una invitación a una fiesta (enunciado I), puesto que es una información de dos actores que se casan y van a celebrar una fiesta con familiares y amigos. La respuesta correcta es el **enunciado J:** hay que tener cuidado con dos palabras parecidas (cansados y casados).

19. Mensaje 6   *cumpleaños, celebrarlo, te esperamos*

Se trata del **enunciado I,** puesto que se llama a Isabel, una mujer, para invitarla a asistir a la fiesta de cumpleaños de otra persona.

El resultado final de lo que puede aparecer escrito en el cuadernillo del examen es este:

	MENSAJES	ENUNCIADOS
	Mensaje 0	F
14.	Mensaje 1	*cenar, restaurante, cinco personas*
15.	Mensaje 2	*€, $, monedas*
16.	Mensaje 3	*fríen patatas, huevos, sal, plato, aceite, tortilla*
17.	Mensaje 4	*quedado, película*
18.	Mensaje 5	*matrimonio, ceremonia, fiesta*
19.	Mensaje 6	*cumpleaños, celebrarlo, te esperamos*

ENUNCIADOS	
Se cambia _dinero_.	15
Lo incluye el _menú_.	
Recibe una _visita_.	
Están _cansados_.	
Quedan con un amigo.	17
Para recibir el premio.	
Es una _receta_ de cocina.	16
Reserva una mesa.	14
La invitan a una _fiesta_.	19
Se van a _casar_.	18

Y esta información debe quedar contestada en la hoja de respuestas del siguiente modo:

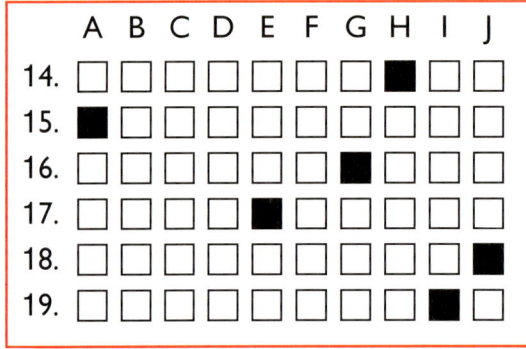

▶ Un último consejo sobre esta tarea: intenta terminar un poco antes y reservar un minuto para leer y subrayar las preguntas y respuestas de la tarea 4, ya que en esta nueva tarea no dispones de tiempo antes del comienzo de la audición.

(Para practicar)

➤ Ahora puedes hacer los ejercicios 15 y 16 (páginas 51 y 52) de esta tarea que se corresponden con las pistas 8 y 9.

➤ Recuerda que www.enclave-ele.net/dele tienes las soluciones explicadas a estos ejercicios.

TAREA 3 Ejercicio 15 - Pista 8 ⊙♫

⌛**HORA DE INICIO** ___:___

Instrucciones

Usted va a escuchar siete mensajes. Escuchará cada mensaje dos veces. Seleccione el enunciado (A-J) que corresponde a cada mensaje (14-19).

Hay diez enunciados, incluido el ejemplo. Seleccione seis.

Marque las opciones elegidas en la **Hoja de respuestas.**

Escuche ahora el ejemplo:

Mensaje 0.

La opción correcta es la **F.**

A B C D E F G H I J

0.☐☐☐☐☐■☐☐☐☐

Ahora tiene 25 segundos para leer los enunciados.

ENUNCIADOS	
A.	No estuvo en la fiesta.
B.	Hay un producto más barato.
C.	Hay que comprar doce.
D.	Lo invitan al cine.
E.	Llegó tarde a casa.
F.	Más barato si paga en un mes.
G.	Una persona se ha perdido.
H.	El escritor habla de su nuevo libro.
I.	Tiene que comprar algo.
J.	Se venden unos vaqueros.

	MENSAJES	ENUNCIADOS
	Mensaje 0	F
14.	Mensaje 1	
15.	Mensaje 2	
16.	Mensaje 3	
17.	Mensaje 4	
18.	Mensaje 5	
19.	Mensaje 6	

⌛**HORA DE FINALIZACIÓN** ___:___

TAREA 3 Ejercicio 16 - Pista 9 ⊙♫

⧗ **HORA DE INICIO __:___**

Instrucciones

Usted va a escuchar siete mensajes. Escuchará cada mensaje dos veces. Seleccione el enunciado (A-J) que corresponde a cada mensaje (14-19).

Hay diez enunciados, incluido el ejemplo. Seleccione seis.

Marque las opciones elegidas en la **Hoja de respuestas.**

Escuche ahora el ejemplo:

Mensaje 0.

La opción correcta es la **E.**

A B C D E F G H I J

0. ☐ ☐ ☐ ☐ ■ ☐ ☐ ☐ ☐ ☐

Ahora tiene 25 segundos para leer los enunciados.

ENUNCIADOS	
A.	Tiene dos niños.
B.	Un familiar llega esta tarde.
C.	Tiene comidas y cenas.
D.	Ha comprado una cámara.
E.	Ponen una película.
F.	La invitan a cenar.
G.	Sale del trabajo a las seis y media.
H.	El tiempo que va a hacer hoy.
I.	Hay comida para los niños.
J.	Los coches no pueden pasar.

MENSAJES		ENUNCIADOS
	Mensaje 0	E
14.	Mensaje 1	
15.	Mensaje 2	
16.	Mensaje 3	
17.	Mensaje 4	
18.	Mensaje 5	
19.	Mensaje 6	

⧗ **HORA DE FINALIZACIÓN __:___**

La tarea

Tienes una **conversación** con **seis preguntas** de **opción múltiple** (A, B, C). Una de las preguntas tiene como opciones **tres fotografías** o **dibujos**.

Escucharás la **conversación dos veces**.

Tienes **35 segundos** antes de empezar la audición para leer las preguntas.

Instrucciones y estrategias

Vamos a hacer un ejemplo.

> ¡Importante! Recuerda que este primer paso de leer y subrayar debes intentar empezarlo en los últimos minutos de la tarea 3.

En primer lugar, tienes más de medio minuto para leer las preguntas y <u>subrayar</u> las palabra o grupo de palabras más importantes en el enunciado de la pregunta y en las respuestas.

En el caso de la pregunta con tres dibujos o fotografías, es conveniente poner qué es cada imagen.

20. Antonio-Luis Valdivia…
    A) <u>no ha terminado</u> su carrera todavía.
    B) realiza algunos <u>cursos de economía</u>.
    C) todavía está estudiando <u>un máster</u>.

En la pregunta 20, la idea más importante es si estudia (ahora, todavía), si ha terminado su carrera o si realiza, de vez en cuando, cursos sobre economía.

21. El señor Valdivia, después de estudiar…
    A) <u>no</u> tiene <u>tiempo</u> para trabajar.
    B) encontró un <u>trabajo interesante</u>.
    C) realizó <u>prácticas</u> de formación.

La pregunta 21 plantea lo que ha hecho Antonio Luis Valdivia después de terminar su carrera: no tiene tiempo, trabaja, realizó prácticas. Aquí es fundamental tener en cuenta qué hizo y si sigue haciéndolo o no.

22. Al señor Valdivia no le contrataron en la empresa donde realizó su formación porque…
    A) el trabajo que hacía <u>no le gustaba</u>.
    B) no había terminado <u>sus estudios</u>.
    C) firmó un <u>acuerdo con otra empresa</u>.

En la pregunta 22 hay que buscar los motivos o razones por los que el señor Valdivia no siguió trabajando en la empresa donde había hecho sus prácticas de formación (no le gustaba, tenía que acabar de estudiar o llegó a un acuerdo con otra empresa).

23. El señor Valdivia desea trabajar…
   A) a <u>tiempo completo</u>.
   B) en <u>jornada continua</u>.
   C) a <u>media jornada</u>.

En la pregunta 23 se pregunta qué quiere o desea hacer el señor Valdivia si es contratado, o sea, el tipo de horario con el que prefiere trabajar (trabajar todo el día, hacerlo con una pausa a mediodía o trabajar solo medio día).

24) La novia de Antonio-Luis Valdivia…
   A) <u>vive</u> en Alemania.
   B) <u>estudió</u> en Berlín.
   C) es <u>alemana</u>.

En la pregunta 24, al hablar de la novia del señor Valdivia, no debes confundir lo que se dice de ella (de dónde es, dónde vive, dónde estudió) con la información referida a Antonio-Luis Valdivia.

25) El entrevistador quiere saber si el señor Valdivia trabaja con…

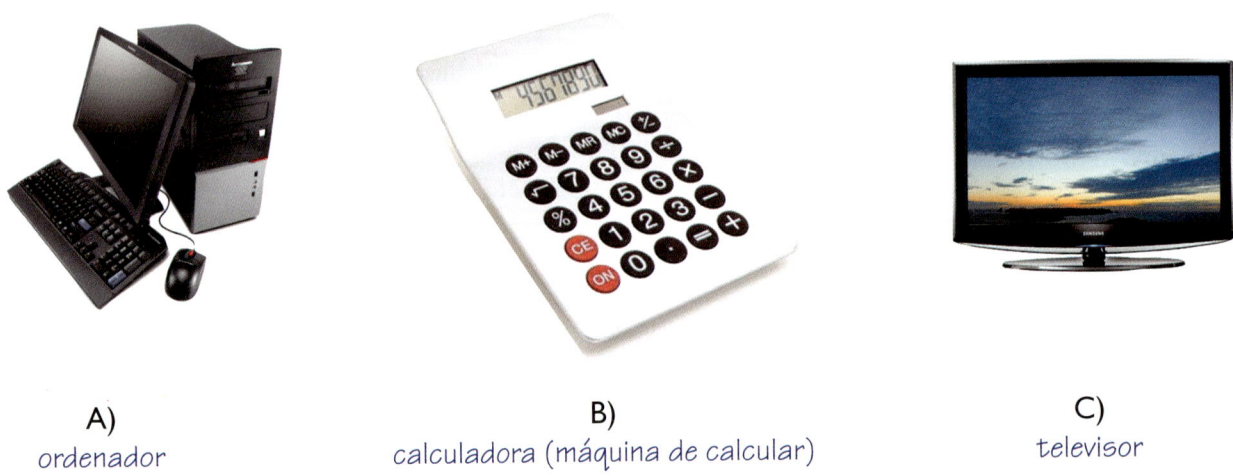

A)
ordenador

B)
calculadora (máquina de calcular)

C)
televisor

En la pregunta 25, las tres fotografías que sirven de ayuda se refieren al tipo de material o instrumento con el que trabaja Antonio-Luis Valdivia.

Ahora es el momento de escuchar el audio (Pista 10 ⊙♫) de forma activa, con el lápiz ✎ en la mano, tomando nota de lo que escuchas.

Lo que viene a continuación es un ejemplo de notas, a partir de la audición de la pista 10.

20. terminar licenciatura, cursos economía, comenzado máster
21. sin tiempo para trabajar, prácticas empresa
22. experiencia positiva, estaba estudiando todavía
23. toda la jornada, continua o partida
24. 2 años en Berlín, novia alemana
25. programas informáticos

En esta parte de la tarea debes tener en cuenta lo siguiente:

➤ Las seis preguntas no tienen por qué seguir el orden de la conversación. Además, a menudo hay que sacar conclusiones sencillas. Por ejemplo, si alguien dice que su marido y ella van a pasar el fin de semana en la playa, estas personas están casadas y esta puede ser la respuesta a una de las preguntas.

➤ Sucede también que las palabras que escuchas no aparecen en las respuestas; lo importante es el significado de las frases, lo que realmente se dice en la audición.

Ahora escucha la audición por segunda vez y confirma el sentido de las preguntas y respuestas.

– En la **pregunta 20,** después de terminar su licenciatura, Antonio-Luis Valdivia todavía estudia (está estudiando) el máster que ha comenzado, por lo que la **opción** correcta es la **C.**
– En la **pregunta 21,** el candidato realizó prácticas (de formación) en empresas y no se habla del tiempo para trabajar ni tampoco se dice que ha encontrado un trabajo interesante. La **opción C** es la correcta.
– Para la **pregunta 22,** sabes que Antonio-Luis Valdivia seguía estudiando, no había terminado sus estudios todavía; la opción A es falsa, porque el trabajo le gustó. La **opción B** es la correcta.
– En la **pregunta 23,** lo que el señor Valdivia quiere es trabajar a tiempo completo, aunque las tres opciones (A, B y C) se escuchan en la audición (porque el jefe las ofrece como alternativas). La **opción A** es la correcta.
– En la **pregunta 24,** al hablar de la novia de Antonio-Luis, que es alemana, no se dice dónde vive ni qué estudia; fue Antonio-Luis quien estudió en Alemania y, en ese periodo, vivió en Berlín, pero esta pregunta no se refiere al señor Valdivia, sino a su novia. La **opción C** es la correcta.
– Para la **pregunta 25,** debes tener en cuenta que Antonio-Luis Valdivia trabaja con programas informáticos que se instalan en ordenadores. La respuesta correcta es la **opción A.**

Recuerda transcribir a lápiz ✏ las respuestas en la **Hoja de respuestas.**

➤ Un último consejo: intenta terminar un poco antes y reservar un minuto para leer los enunciados de la tarea 5, ya que en esta nueva tarea no dispones de tiempo antes del comienzo de la audición.

Para practicar

➤ Ahora puedes hacer los ejercicios 17 y 18 (páginas 56 y 57) de esta tarea que se corresponden con las pistas 11 y 12.
➤ Recuerda que www.enclave-ele.net/dele tienes las soluciones explicadas a estos ejercicios.

TAREA 4 Ejercicio 17 - Pista 11 ⊙♫

⏳ **HORA DE INICIO** ___:___

Instrucciones

Usted va a escuchar una conversación telefónica entre una empleada de Canal Norte y una persona que busca trabajo. Escuchará la conversación dos veces. Lea las preguntas (20-25) y seleccione la opción correcta (A, B o C) para cada pregunta.

Marque las opciones elegidas en la **Hoja de respuestas.**

Ahora tiene 35 segundos para leer las preguntas.

Preguntas

20. Álvaro Pérez quiere trabajar…
    A) en un país extranjero.
    B) en un medio de comunicación.
    C) en una oficina.

21. Álvaro Pérez…
    A) trabaja en otra empresa.
    B) recibió una carta.
    C) está casado.

22. Álvaro Pérez tiene experiencia como…
    A) vendedor.
    B) bibliotecario.
    C) informático.

23. En este momento, Álvaro Pérez vive…
    A) en otra ciudad.
    B) cerca de la oficina.
    C) en otro país.

24. El día de la entrevista es…
    A) el martes.
    B) el jueves.
    C) el viernes.

25. La entrevista va a tener lugar en…

A)

B)

C)

⏳ **HORA DE FINALIZACIÓN** ___:___

TAREA 4 Ejercicio 18 - Pista 12 ⊙♫

⧖ **HORA DE INICIO** ___:___

Instrucciones

Usted va a escuchar una conversación entre un camarero y una clienta. Escuchará la conversación dos veces. Lea las preguntas (20-25) y seleccione la opción correcta (A, B o C) para cada pregunta.

Marque las opciones elegidas en la **Hoja de respuestas.**

Ahora tiene 35 segundos para leer las preguntas.

Preguntas

20. La mujer se encuentra en…

A)

B)

C)

21. La conversación se produce…
   A) por la mañana.
   B) a mediodía.
   C) por la noche.

22. El menú del día…
   A) incluye postre y bebida.
   B) solo se sirve a mediodía.
   C) no se sirve los domingos.

23. De primero, la señora va a comer…
   A) sopa.
   B) salmón.
   C) ensalada.

24. El camarero le propone como segundo…
   A) salmón.
   B) cordero.
   C) filete.

25. De postre, la señora prefiere…
   A) tarta.
   B) plátano.
   C) manzana.

⧖ **HORA DE FINALIZACIÓN** ___:___

La tarea

Tienes un **diálogo informal** sobre temas cotidianos y **ocho imágenes** que hay que relacionar con **cinco enunciados**. Escucharás el **diálogo dos veces**.

Tienes **15 segundos** para leer los enunciados.

Instrucciones y estrategias

Vamos a hacer un ejemplo.

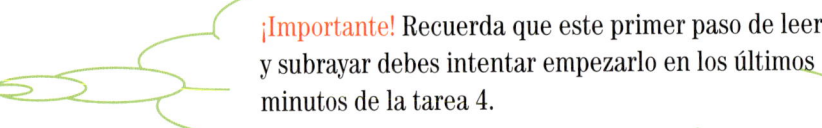

¡Importante! Recuerda que este primer paso de leer y subrayar debes intentar empezarlo en los últimos minutos de la tarea 4.

En primer lugar, tienes 15 segundos para leer los enunciados y subrayar lo más importante. Casi siempre se pregunta por el lugar en el que se desarrolla la conversación: un ascensor, un aeropuerto, una tienda, etc.

	ENUNCIADOS	IMÁGENES
26.	<u>Lugar</u> de la conversación.	
27.	<u>Profesión</u> de Jorge.	
28.	La hija de Lucía <u>viaja</u>.	
29.	Le <u>gusta</u> a Jorge.	
30.	<u>Estudios</u> del hijo de Lucía.	

Cuando ya tienes subrayadas las palabras más importantes de cada enunciado, mira las fotografías e intenta poner al menos una palabra en cada imagen.

A
abogado

B
metro

C
informática

D
playa, verano

E
nieve

F
profesor

G
tren

H
Navidad

Ahora vas a escuchar el audio (Pista 13 ⊙♫) y vas a escribir las palabras y frases más importantes para poder hacer el ejercicio.

ENUNCIADOS		IMÁGENES
26.	Lugar de la conversación.	estaciones, retraso
27.	Profesión de Jorge.	profesor, clases
28.	La hija de Lucía viaja.	una vez al año en Navidad
29.	Le gusta a Jorge.	la nieve es muy bonita
30.	Estudios del hijo de Lucía.	informática, ordenadores

En esta parte de la tarea debes tener en cuenta lo siguiente:

➤ Hay información que es indirecta, como el lugar de la conversación o lo que están haciendo las personas que hablan, pues suelen referirse a estas cuestiones a través de otros datos y otras palabras.

➤ El orden de las preguntas puede no ser el mismo que el de los datos que aparecen en la conversación.

➤ Las imágenes indican acciones o lugares muy conocidos pero también muy generales: la fotografía de una clase puede indicar que esa persona va a un curso o tiene un examen. Un balón o una pelota puede significar que le gusta el fútbol, que ha ido a ver un partido o que los fines de semana practica este deporte con los amigos.

Ahora escucha la audición por segunda vez y confirma lo que has anotado la primera vez.

Con la información que tienes después de escuchar dos veces la audición, puedes elegir la imagen adecuada para cada enunciado.

– **Enunciado 26.** La conversación tiene lugar en un tren **(imagen G)**, y no en el metro (imagen B) porque se trata de un viaje largo, entre dos ciudades, en el que faltan dos estaciones para llegar al destino y se sabe que el tren salió con retraso.
– **Enunciado 27.** Jorge dice que vive en Vitoria, donde trabaja como profesor de Historia en un instituto, por lo que no hay duda de que la **imagen F** es la correcta.
– **Enunciado 28.** Ahora se habla de la hija de Lucía, que vive en el extranjero y que solo viaja una vez al año a España; la fecha en la que esto sucede es Navidad (imagen H), y no en verano (imagen D), ya que su marido trabaja en esa época del año. La **imagen H** es la correcta.
– **Enunciado 29.** No se sabe si a Jorge le gustan los ordenadores (aunque no entiende nada de informática) o si le encanta el calor y la playa: lo que sí se dice en este diálogo es que le gusta el frío y que la nieve es muy bonita, por lo que, para este enunciado, la **imagen E** es la correcta.
– **Enunciado 30.** El hijo de Lucía, que vive en Cádiz, está estudiando Informática en la universidad, porque le encantan los ordenadores. La **imagen C** es la correcta.

Para practicar

➤ Ahora puedes hacer los ejercicios 19 y 20 de esta tarea (páginas 60 y 61) que se corresponden con las pistas 14 y 15.
➤ Recuerda que en www.enclave-ele.net/dele tienes las soluciones explicadas a estos ejercicios.

TAREA 5 Ejercicio 19 - Pista 14 ⊙♫

⧖ **HORA DE INICIO** ___:___

Instrucciones

Usted va a escuchar a dos personas hablando sobre sus compromisos y ocupaciones diarias. Oirá la conversación dos veces. Seleccione la imagen (A-H) que corresponde a cada enunciado (26-30).

Hay ocho imágenes. Seleccione cinco.

Marque las opciones elegidas en la **Hoja de respuestas.**

Ahora tiene 15 segundos para leer los enunciados.

	ENUNCIADOS	IMÁGENES
26.	Lugar de la conversación.	
27.	El motivo del viaje de Beatriz.	
28.	Los fines de semana de Pedro.	
29.	Propuesta para este fin de semana.	
30.	Lugar donde ha estado Pedro.	

A

B

C

D

E

F

G

H

⧖ **HORA DE FINALIZACIÓN** ___:___

TAREA 5 Ejercicio 20 - Pista 15 ⊙♫

⏳ HORA DE INICIO ___:___

Instrucciones

Usted va a escuchar a dos personas hablando sobre sus hijos y su trabajo. Oirá la conversación dos veces. Seleccione la imagen (A-H) que corresponde a cada enunciado (26-30).

Hay ocho imágenes. Seleccione cinco.

Marque las opciones elegidas en la **Hoja de respuestas.**

Ahora tiene 15 segundos para leer los enunciados.

	ENUNCIADOS	IMÁGENES
26.	Lugar de la conversación.	
27.	El hijo de Antonio.	
28.	La hija de Elena.	
29.	Propuesta para la próxima semana.	
30.	La semana pasada de Elena.	

A

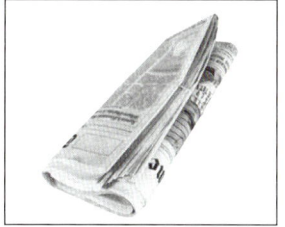
B

C

D

E

F

G

H

⏳ HORA DE FINALIZACIÓN ___:___

III. PRUEBA DE EXPRESIÓN E INTERACCIÓN ESCRITAS

La prueba de Expresión e Interacción Escritas se divide en **tres tareas** y dura **cincuenta minutos.** Esta prueba se realiza después de la pausa de veinte minutos que se hace al terminar las dos primeras pruebas. Aprovecha ese tiempo para descansar y relajarte: dentro de una hora termina esta primera parte del examen.

➢ La **tarea 1** consiste en escribir **un texto** de **30-40 palabras,** es decir, que debes escribir unas cinco líneas. Puede ser un **correo electrónico,** tu participación en un **blog** o en un **foro,** etc. Intenta responder en **diez minutos.** Lee bien el enunciado, subraya ✎ lo más importante y escribe lo que se pide. Puedes hacer un esquema de lo que vas a escribir. Después escribe el texto con bolígrafo ✒ en la **Hoja de respuestas.**

➢ La **tarea 2** consiste en escribir **un texto** de **70-80 palabras,** es decir, que debes escribir unas diez líneas. El texto puede ser unas **notas** que dejas a alguien, una página de tu **diario,** una **carta.** En el enunciado se te va a proporcionar un contexto y contarás también con unas imágenes que te ayudarán a desarrollar el texto. Tienes **quince minutos,** aproximadamente.

➢ La **tarea 3** consiste en escribir un **texto descriptivo o narrativo** de **70-80 palabras,** es decir, que debes escribir unas diez líneas. Lee el enunciado y piensa cómo vas a organizar la información. Tienes **quince minutos,** aproximadamente.

En los últimos diez minutos, vuelve a leer los tres textos y repásalos para comprobar si hay algún error (gramatical, ortográfico, de expresión, etc.), pero no intentes modificar los textos porque ya están completos: quizás una palabra para completar una frase, una tilde, una *g/j, b/v, h,* pero solo eso.

En esta prueba, es muy importante:

– Tener imaginación y memoria: si te piden hablar de una película, de un pueblo o de un amigo, tienes que pensar en algo o alguien real. Es más fácil describir a una persona que conoces que inventarse una descripción completa. Puedes añadir información nueva, cambiarla, etc., pero es mejor partir de una imagen real. Por ejemplo, si estás describiendo a tu hermana, que es pelirroja, pero no recuerdas cómo se dice esta palabra en español, puedes decir "Mi hermana es morena". Si no recuerdas el vocabulario para hacer una descripción física, puedes escribir sobre el carácter de tu hermana, qué le gusta hacer, dónde trabaja, qué estudia, etc.

– Utilizar diferentes tiempos verbales. No puedes escribir solo en presente porque vas a describir y narrar acciones en el pasado. También te pueden preguntar sobre tus planes futuros, de manera que debes expresarte en presente, pasado y futuro.

– Saber el número de palabras que debe tener cada tarea. No debes contar las palabras, pero sí saber cuántas líneas, como mínimo, debes escribir.

– Escribir solo en el espacio que tienes en el cuadernillo.

La tarea

Tienes que escribir un **correo electrónico,** tu participación en un **blog** o en un **foro.** El texto debe tener entre **30 y 40 palabras.**

Para ello, debes seguir las **instrucciones** que se proporcionan en el examen.

Tienes **diez minutos** ⏳ aproximadamente para hacer esta tarea.

⚙ Instrucciones y estrategias

Vamos a analizar un ejemplo de una tarea que puedes encontrarte.

> Tiene que escribir un mensaje (30 y 40 palabras) para quedar con una amiga.
> En el mensaje (por ejemplo, un correo electrónico) debe:
> – decir el motivo de la reunión;
> – indicar dónde va a quedar;
> – explicar quién va a ir.

En primer lugar, hay que comprender la situación que plantean las instrucciones.

En este caso, piensa en que le escribes a una amiga y piensa en cosas que os gusta hacer, dónde quedáis a menudo. Luego piensa si conoces el vocabulario para describir todo esto. Intenta también acordarte de qué hacéis normalmente y con quién, pero añade a todo esto algún dato diferente, una información nueva, algo que te gustaría hacer.

En segundo lugar, lee las partes que debes incluir en el mensaje. Recuerda que, aunque no es necesario seguir el mismo orden, tu texto debe recoger toda esta información. Luego, escribe una palabra en cada una de las líneas de la instrucción.

– decir el motivo de la reunión	cumpleaños de Juan
– indicar dónde van a quedar	casa
– explicar quién va a ir	compañeros de trabajo

Si tienes una amiga que se llama Sofía, empieza saludándola (es un correo electrónico, por lo que el tratamiento es informal.

Saludar.

Hola, Sofía:	Línea 1	2 palabras

Ahora pasas a explicarle el motivo de la reunión. Si quieres, puedes introducir esa información a través de una pregunta (como preguntarle si tiene otros planes, por ejemplo).

Decir el motivo de la reunión.

Me ha llamado Juan porque mañana es su cumpleaños y lo celebra en su casa este viernes, ¿te apetece venir?	Línea 2 Línea 3	20 palabras

Ya has escrito 22 palabras y estás todavía al inicio del texto, pero hay que terminarlo con todos los datos que se piden.

Una vez terminado el segundo párrafo, vas a la siguiente información que debe tener el texto (dónde vais a quedar). En este caso, esa información ya está y no es necesario repetirla, pero puede servirte para introducir la tercera idea (quién va a ir).

Indicar dónde va a quedar y explicar quién va a ir.

He quedado con los compañeros de trabajo para ir a su casa a las ocho de la tarde.	Línea 4 Línea 5	18 palabras

Hasta aquí has cumplido el objetivo propuesto, pero puedes incluso añadir algo más.

Llámame y dime si vas a venir.	Línea 6 Línea 7	7 palabras

Con estas siete palabras (cuarenta y siete en total), el mensaje ya tiene sentido, que es el objetivo de esta tarea. Para terminar, despídete de la persona a la que has escrito.

Un beso, Amine.	Línea 8

En esta tarea debes tener en cuenta lo siguiente:

➢ El texto tiene que ser breve, con frases sencillas.
➢ Después de escribirlo, tienes que volver a leerlo para comprobar que no has olvidado saludar y despedirte, la ortografía es correcta, los verbos están bien conjugados, hay signos de puntuación entre las frases, has utilizado conectores adecuados (*y, porque, luego*).
➢ En esta lectura, tienes que comprobar que has recogido toda la información de las instrucciones.
➢ Para contar las palabras, lo más rápido es contar las líneas y multiplicarlas por el número de palabras que escribes en cada línea.

(Para practicar)

➢ Ahora puedes hacer los ejercicios 21 y 22 de esta tarea (páginas 65 y 66).
➢ Recuerda que en www.enclave-ele.net/dele tienes propuestas de soluciones comentadas para estos ejercicios.

TAREA 1 Ejercicio 21

⌛ **HORA DE INICIO** ___:___

Instrucciones

Usted quiere participar en el foro *Las series televisivas*, de la página web Enganchadosalatele.com. Lea la información de la página y escriba un mensaje en el foro. En el mensaje debe:

– contar qué tema trata la serie y dónde se desarrolla;
– describir a los personajes que más le gustan;
– explicar cuándo la ve y por qué le gusta.

Número de palabras: entre 30 y 40.

Enganchadosalatele.com

| Inicio | Anuncios | Foros | Series | Actores | Dibujos animados |

FORO - LAS SERIES TELEVISIVAS

Una serie que te gusta, una historia que te interesa, unos personajes a los que ves cada semana, unas situaciones que te sorprenden cada semana…

Participa en nuestro foro para contarnos cuál es tu serie favorita, de qué trata, cuáles son sus personajes, qué día de la semana la ves, desde cuándo la sigues, por qué te gusta…

| Mostrar últimos mensajes | | Ordenar por: | |

Título	Autor	Fecha	Respuestas
✉ Cuéntame cómo pasó	Ismael	18/07/2013	8
✉ Los Serrano	Rodrigo	05/04/2013	5
✉ Aquí no hay quien viva	Mónica	16/06/2013	2

📄 **Nuevo mensaje**

....
....
....
....
....

⌛ **HORA DE FINALIZACIÓN** ___:___

TAREA 1 Ejercicio 22

⏳ **HORA DE INICIO** ___:___

Instrucciones

Usted quiere escribir en un blog sobre la última película que ha visto. Cuente por qué le gustó, quién es el director o el actor principal y dónde la vio. En el mensaje debe:

- contar la historia de la película;
- decir quién es el director y quiénes son los actores principales, y a qué país pertenece;
- explicar si le gustó o no y por qué.

Número de palabras: entre 30 y 40.

De película

MIÉRCOLES, 15 DE SEPTIEMBRE DE 2013

Mi película favorita

_____

_____

_____

_____

_____

MI PERFIL EN FACEBOOK

VISITANTES

CONTADOR DE VISITAS

ARCHIVOS BLOG

● 2012 **(620)**

El cumpleaños
Película maravillosa
Una historia increíble
La entrevista de trabajo
Un día de excursión
La publicidad
Enfermo, en casa
Monumento
Lluvia y viento

Publicado por enClave-ELE en 01:33

⏳ **HORA DE FINALIZACIÓN** ___:___

La tarea

Tienes que escribir **notas, cartas** o una página de un **diario.** El texto debe tener entre **70 y 80 palabras.**

Para ello, debes imaginar un **contexto** y seguir **unas instrucciones concretas.** Contarás también con el apoyo de unas **imágenes.**

Tienes **quince minutos** ⧖ aproximadamente para hacer esta tarea.

⚙ **Instrucciones y estrategias**

Vamos a analizar un ejemplo de una tarea que puedes encontrarte.

Usted está en un pueblo al sur de su país porque se ha casado su mejor amigo. Escriba una postal a una amiga. En ella debe:
– decir por qué ha viajado a ese lugar;
– describir cómo es el lugar;
– explicar cómo ha sido la boda y quién ha asistido.

Piensa primero en la situación que se plantea y en las ideas que debes recoger. Cuenta también con el apoyo de las imágenes.

Como tienes que escribir una postal a una amiga, lo primero que puedes hacer es escribir el nombre y la dirección de una mujer (puede ser una dirección falsa y un nombre inventado, pero lo mejor es escribir a una amiga real y poner su dirección: la calle, la dirección y el país, porque esto te va a permitir escribirle con más facilidad).

Rocío Solís Sánchez
C/ Tesifonte Gallego, 2, 5.º A
02002 Albacete
España

Ahora, puedes escribir una palabra o grupo de palabras, a partir de cada una de las instrucciones del ejercicio, para ayudarte a redactar el texto.

– decir por qué ha viajado a ese lugar;	boda, invitación, amigo de infancia
– describir cómo es el lugar;	pueblo pequeño, montaña, mucho calor
– explicar cómo ha sido la boda y quién ha asistido.	tradiciones de boda, amigos y familiares, celebración

Es bueno escribir estas palabras en español directamente porque las vas a utilizar en el propio texto. Para poder realizar bien esta tarea, utiliza alguna experiencia o recuerdo personal que tienes de alguna boda a la que has asistido o de algún viaje que has hecho a un lugar parecido.

Normalmente, los textos de esta tarea son de carácter muy personal. Te diriges a personas conocidas con las que utilizas el tuteo.

Si tienes que escribir un texto en registro formal, utiliza *usted* o *ustedes* y la tercera persona del singular o del plural, según los casos.

Saludar.

Hola, Ana:	Línea 1

"Querida Ana" es más formal, aunque también es posible.

Decir por qué ha viajado a ese lugar.

Estoy en Nubla, el pueblo de mi amigo Pablo. Me invitó a venir a su boda porque nos conocemos desde la infancia.	Línea 2 Línea 3

Describir cómo es el lugar.

Nubla es un pueblo pequeño, muy bonito, cerca de la montaña. Hace mucho calor, pero es un lugar agradable.	Línea 4 Línea 5

Explicar cómo ha sido la boda y quién ha asistido.

La boda fue el sábado por la tarde. Primero estuvimos en la	Línea 6
iglesia del pueblo, con toda su familia. Luego cenamos en un	Línea 7
restaurante y bailamos hasta después de la medianoche.	Línea 8
Me lo he pasado muy bien.	Línea 9

Con este último párrafo (ochenta palabras) tienes la tarea hecha y cumples con el número de palabras que se piden, pero te falta despedirte.

Despedirse.

Un beso, Ángel.	Línea 11

En esta tarea debes tener en cuenta lo siguiente:

➤ El texto tiene que ser breve, con frases sencillas.
➤ Después de escribirlo, tienes que volver a leerlo para comprobar que no has olvidado saludar y despedirte y poner la dirección. Por otra parte, comprueba también que la ortografía es correcta, los verbos están bien conjugados, hay signos de puntuación entre las frases, has utilizado conectores adecuados (*y, porque, luego*).
➤ En esta lectura, tienes que comprobar que has seguido el orden o estructura de las instrucciones, utilizando las palabras que escribiste y que contestan a lo que se te pide.
➤ Para contar las palabras, lo más rápido es contar las líneas (aproximadamente diez) y multiplicarlas por el número de palabras que escribes en cada línea.

Para practicar

➤ Ahora puedes hacer los ejercicios 23 y 24 de esta tarea (páginas 70 y 71).
➤ Recuerda que en www.enclave-ele.net/dele tienes propuestas de soluciones comentadas para estos ejercicios.

TAREA 2 Ejercicio 23

Instrucciones

Usted escribe cada noche en su diario lo que ha hecho durante el día. Escriba en esta página lo que ha hecho hoy. En este texto debe:

- decir lo que ha hecho desde la mañana;
- indicar dónde ha estado y con quién;
- contar algo especial que le ha pasado.

Número de palabras: entre 70 y 80.

FECHA:_____

Día:_____

_____

_____

_____

_____

_____

_____

_____

_____

_____

_____

_____

_____

TAREA 2 Ejercicio 24

⏳ **HORA DE INICIO** ___:___

Instrucciones

Usted va a salir de casa y necesita algunos productos de higiene y de alimentación. Escriba una nota y pida a una persona de su familia realizar la compra. En ella debe:

– decir dónde va y por qué;

– indicarle qué productos necesita y por qué;

– señalarle dónde puede comprarlos.

No olvide saludar y despedirse.

Número de palabras: entre 70 y 80.

⏳ **HORA DE FINALIZACIÓN** ___:___

La tarea

Tienes que redactar un **texto descriptivo** o **narrativo.** El texto debe tener entre **70 y 80 palabras.**

Para ello, debes seguir un **contexto** y unas **instrucciones** concretas. Contarás también con el apoyo de unas **imágenes.**

Tienes **quince minutos** ⏳ aproximadamente para hacer esta tarea.

⚙ Instrucciones y estrategias

Vamos a analizar un ejemplo de una tarea que puedes encontrarte.

Usted debe contar lo que hizo durante sus últimas vacaciones. Tiene que contar:
— cómo era el lugar;
— con quién estuvo;
— qué hizo en sus vacaciones.

Piensa primero en la situación que se plantea y en las ideas que debes recoger. Cuenta también con el apoyo de las imágenes.

Ahora, puedes escribir una palabra o grupo de palabras, a partir de cada una de las instrucciones del ejercicio, para ayudarte a redactar el texto.

— cómo era el lugar;	playa, mar, museos, monumentos
— con quién estuvo;	familia
— qué hizo en sus vacaciones.	nadar, visitar museos, comprar regalos, hotel

Empieza a redactar la primera pregunta, describiendo el lugar y respondiendo a la situación que se propone: ya que hay un hotel y una playa, es conveniente hablar de un lugar cerca del mar.

Recuerda que se te pide hablar "de tus últimas vacaciones", tienes que utilizar el pasado. Utiliza frases cortas y sencillas (unidas por conectores como *y, después, porque, para…*).

Cómo era el lugar.

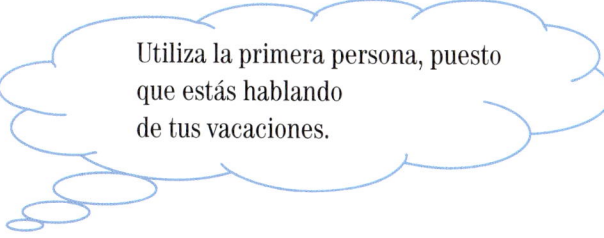

Utiliza la primera persona, puesto
que estás hablando
de tus vacaciones.

1.er párrafo	El año pasado fui de vacaciones a Cuba. La Habana es una ciudad muy bonita, con edificios antiguos y muchos monumentos. Hacía mucho calor. La isla es muy bonita, tranquila, tiene playas preciosas y muchos lugares para visitar.	Línea 1 Línea 2 Línea 3 Línea 4

Estas treinta y ocho palabras recogen tu experiencia en las últimas vacaciones: dónde estuviste y cómo es el lugar. Fíjate en los tiempos verbales que has usado: *fui a Cuba, hacía mucho calor;* para el resto de las frases has utilizado el presente: *La Habana es…, la isla es…*

Describe ahora a las personas con las que fuiste y qué les gusta hacer.

Con quién estuvo.

2.º párrafo	Fui con mi marido y mi hijo. Nos gusta bañarnos en el mar y visitar ciudades.	Línea 5 Línea 6

Con estas dieciséis palabras ya tienes cincuenta y cuatro palabras y has contado algunas cosas que hiciste, pero puedes aprovechar algunas ideas que están en las imágenes y que has escrito al lado de las instrucciones.

Qué hizo en sus vacaciones.

3.er párrafo	Estuvimos en un hotel pequeño, en el centro. Compramos regalos para toda la familia y visitamos muchos museos y monumentos. Lo pasamos muy bien.	Línea 7 Línea 8 Línea 9

Has acabado de redactar los tres párrafos con veinticuatro palabras más (setenta y ocho palabras en total). Es el momento de leer el texto para comprobar que está bien escrito y no falta ninguna idea importante.

Para practicar

➤ Ahora puedes hacer los ejercicios 25 y 26 de esta tarea (páginas 74 y 75).

➤ Recuerda que en www.enclave-ele.net/dele tienes propuestas de soluciones comentadas para estos ejercicios.

TAREA 3 Ejercicio 25

⏳ **HORA DE INICIO** ___:___

Instrucciones

Aquí le presentamos algunos datos y fotografías de la vida de Sonia García. Escriba su biografía.
Tiene que comentar:

    – su aspecto físico y su personalidad;

    – sus gustos y aficiones;

    – los hechos más importantes de su vida.

Número de palabras: entre 70 y 80.

DATOS BIOGRÁFICOS
Nombre y apellidos: Sonia García Paredes
Lugar de nacimiento: México
Fecha de nacimiento: 28/12/1983
Estado civil: soltera

⏳ **HORA DE FINALIZACIÓN** ___:___

TAREA 3 Ejercicio 26

⏳ **HORA DE INICIO** ___:___

Instrucciones

Aquí le presentamos algunos datos y fotografías de la ciudad de Santander. Describa estas fotografías.
Tiene que comentar:
- dónde está;
- cómo es;
- qué hay en la ciudad, qué se puede hacer.

Número de palabras: entre 70 y 80.

DATOS
Nombre de la ciudad: Santander
Habitantes: 265 000
Localización: norte de España
Comunicaciones: puerto, aeropuerto, autopistas

Palacio de la Magdalena

Playa de El Sardinero

⏳ **HORA DE FINALIZACIÓN** ___:___

IV. PRUEBA DE EXPRESIÓN E INTERACCIÓN ORALES

La prueba de Expresión e Interacción Orales se compone de **cuatro tareas** que se van a desarrollar en **quince minutos,** aproximadamente.

➤ **Tarea 1. Monólogo.** En el examen, tendrás **dos temas generales** con **cinco posibilidades de desarrollo.** Debes elegir uno de los temas y una de las opciones de desarrollo. Debes hablar sobre ella durante 3 o 4 minutos.

➤ **Tarea 2. Descripción.** Durante **2 o 3 minutos,** tienes que **describir** una **fotografía.** Se trata de describir las características de las personas que aparecen, explicar lo que hacen en la foto e imaginar lo que sucede en esa situación. Esta fotografía, además, sirve como punto de inicio para realizar el diálogo de la tarea 3.

➤ **Tarea 3. Diálogo.** A partir de la fotografía anterior, tienes que **mantener** un **diálogo** con el profesor-entrevistador. A veces tienes que responder a sus preguntas y a veces tienes que hacerle tú las preguntas.

➤ **Tarea 4. Conversación.** Vas a conversar sobre un **tema** (por ejemplo, ir al cine o al teatro, vacaciones en la playa o en la montaña) con el profesor-entrevistador y cada uno va a defender su punto de vista argumentando sus razones.

De las cuatro tareas, las **dos primeras** son de **expresión** y las **dos últimas** son de **interacción;** es decir, en las tareas 1 y 2, tienes que hablar sobre un tema y, en las tareas 3 y 4, tienes que dialogar con el entrevistador.

En esta prueba, es importante tener en cuenta lo siguiente:

- Vas a tener quince minutos para preparar las tareas 1 y 2. En ese tiempo, te aconsejamos escribir en un papel las ideas que después vas a exponer en el examen. También debes pensar algunas preguntas que el entrevistador puede hacerte durante la tarea 3.
- Los cinco primeros minutos de preparación puedes dedicarlos a preparar solo la tarea 1, escribiendo en el papel todas las palabras que conoces sobre el tema, pero de una forma organizada. Recuerda que, durante la entrevista, puedes mirar y consultar tus papeles (pero no debes leer todo lo que dices).
- Lo más importante de esta prueba es demostrar que sabes transmitir mensajes claros en español sobre los temas más normales y cercanos a tu vida (el trabajo, la familia, el tiempo libre, la ciudad, tu casa, las costumbres, la comida, las vacaciones, los viajes, etc.).
- En las cuatro tareas tienes que expresarte de manera fluida, es decir, ni demasiado rápido ni tampoco demasiado lento: tienes que hacerlo de forma natural, con claridad y con mucha tranquilidad, porque todos los temas de los que vas a hablar son fáciles y conocidos para ti.
- No olvides hablar con corrección gramatical (utiliza las formas verbales en el tiempo que quieres expresar, presente o pasado, y con la persona gramatical adecuada: *yo, tú, usted, él-ella, nosotros--as, ellos-as).*
- Al principio del examen, el entrevistador va a hacerte algunas preguntas para conocerte y para preguntarte si quieres hacer la entrevista con el tratamiento formal *(usted)* o informal *(tú).* Utiliza la forma más cómoda para ti (las dos son correctas y adecuadas), pero, después de elegir una forma, piensa que tienes que utilizarla durante toda la entrevista.

INSTRUCCIONES Y ESTRATEGIAS SOBRE **LA TAREA 1** DE EXPRESIÓN E INTERACCIÓN ORALES

La tarea

Monólogo. Durante **3** o **4 minutos** tienes que **desarrollar** un **tema.** En el examen te proporcionarán **preguntas** que pueden ayudarte en tu exposición.

⚙ **Instrucciones y estrategias**

Vamos a hacer un ejemplo.

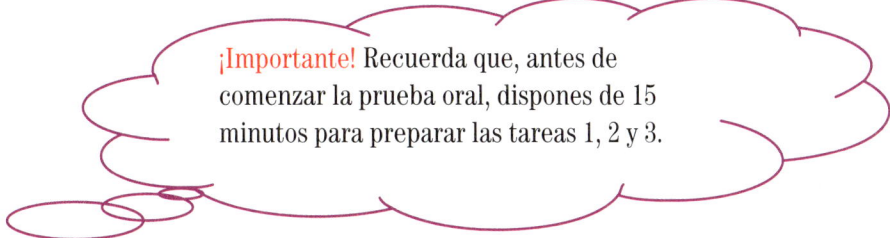

¡Importante! Recuerda que, antes de comenzar la prueba oral, dispones de 15 minutos para preparar las tareas 1, 2 y 3.

Imagínate que te han dado dos temas, *La familia* y *El tiempo libre.* Has elegido *El tiempo libre* y las diferentes posibilidades de desarrollo incluyen distintas formas de emplear el tiempo libre: leer, estar con la familia, viajar, ir al cine y hacer deporte. Entre todas estas, decides que vas a hablar de la lectura.

Vas a encontrar seis preguntas sobre este tema. Estas preguntas son solo una orientación sobre cómo puedes desarrollar el tema. No tienes que contestarlas todas y, si lo haces, no es necesario seguir el orden propuesto.

LEER
- ¿Cuántos libros lee (al mes, año)?
- ¿Cuántos libros tiene en su casa? ¿Dónde?
- ¿Qué tipo de libros le gustan (novela, historia, poesía, profesional…)? ¿Por qué?
- ¿Cuál es su libro favorito? ¿Por qué?
- ¿Dónde suele leer? ¿A qué hora? ¿Durante cuánto tiempo?
- ¿Cuál fue el último libro que compró? ¿Dónde? ¿Cuánto le costó?

Recuerda que puedes escribir en un papel, las ideas que después vas a exponer. Al hacerlo, evita hacer anotaciones como la siguiente:

5
300
Biografías
Don Quijote de la Mancha. Divertido.
Casa. Noche.
Don Juan Tenorio de José Zorrilla (adaptación).

¿Cómo lo puedes hacer? ¿Qué es lo mejor?

➢ Piensa sobre el tema general propuesto *(El tiempo libre)* y lo que quieres decir sobre el tema específico del que vas a hablar (la lectura).

➢ Organiza tus ideas en un papel. Las preguntas que hay en la lámina de examen pueden servirte de guía para organizar lo que vas a decir.

➢ A veces una pregunta puede ayudarte a pensar en otras, por ejemplo, la pregunta sobre el último libro que compraste puede hacerte recordar dónde lo compraste y cuánto te costó y, además, con quién estabas en ese momento, si era para regalarlo o si era para ti, qué tipo de libros sueles regalar o qué tipo de libros te regalan, si compras habitualmente en la misma librería, cuántas veces vas a esa librería al mes, por qué, etc.

➢ Si es posible, explica la causa o razón por la que haces cada cosa.

Ahora te proponemos un ejemplo de la hoja que puedes escribir durante los cinco primeros minutos de preparación para ayudarte a hacer la exposición, de unos cuatro minutos, aproximadamente.

Lo que sí debes hacer.

> Leo mucho. 5 libros al mes.
> Tengo 300 libros en casa más o menos.
> Leo en casa por la noche, después del trabajo, antes de dormir.
> A veces leo en el autobús o en los viajes.
> Leo mucho en vacaciones.
> Me gustan las biografías.
> Mi libro favorito es *Don Quijote de la Mancha* porque es interesante, divertido.
> He comprado una adaptación de *Don Juan Tenorio*. Me ha costado 7 euros en la librería de la universidad.

De esta manera:

➢ Es más fácil exponer tus gustos ("me gustan…"), tu experiencia ("he comprado…"), tus costumbres ("leo…, en…, después de/antes de…, durante…"), tu vida más cercana ("en la librería…"), la cantidad ("tengo…"), etc.

➢ Con estas palabras y frases organizadas, es más sencillo hablar. Además tienes la información que necesitas dar y puedes organizar las estructuras ("me gustan… porque…; también leo…; el último libro que he comprado es…; el último libro que me ha regalado es…").

Para practicar

➢ Ahora puedes hacer los ejercicios 27 y 28 de esta tarea (páginas 79 y 80).

TAREA 1 Ejercicio 27

MONÓLOGO

Instrucciones

Usted tiene que hablar ante el entrevistador sobre EL TRABAJO durante 3 o 4 minutos. Elija uno de los aspectos que se le proponen.

MI TRABAJO DIARIO

– ¿Dónde trabaja?
– ¿Qué hace un día normal de trabajo?
– ¿A qué hora empieza a trabajar? ¿A qué hora termina?
– ¿Qué días no trabaja?
– ¿Cómo son sus compañeros de trabajo?
– ¿Desde cuándo tiene este trabajo?
– ¿Qué es lo más importante de su trabajo?

MI PRIMER TRABAJO

– ¿Dónde trabajó por primera vez?
– ¿Cuándo empezó a trabajar?
– ¿Qué hacía en el trabajo?
– ¿Cuál era su horario?
– ¿Cómo eran sus compañeros de trabajo?
– ¿Por qué dejó de trabajar en este sitio?
– ¿Qué recuerda como lo mejor y más positivo de este trabajo?

EL TRABAJO

BUSCO TRABAJO

– ¿En qué quiere trabajar?
– ¿Cómo y dónde busca trabajo?
– ¿Qué estudios tiene?
– ¿Por qué quiere trabajar?
– ¿Cuánto dinero quiere ganar?
– ¿Qué lenguas habla?
– ¿Cuál es su experiencia laboral?

ALREDEDOR DEL TRABAJO

– ¿Cómo va al trabajo?
– ¿Qué hay en su puesto de trabajo?
– ¿Qué hace al llegar a su puesto?
– ¿Usa alguna ropa especial en el trabajo?
– ¿Qué objetos utiliza para trabajar?
– ¿Dónde come? ¿Con quién?
– ¿Queda con sus compañeros fuera del trabajo para hacer otras actividades?

MI TRABAJO IDEAL

– ¿Qué tipo de trabajo desea hacer?
– ¿Qué sabe hacer?
– ¿Qué le gustaría hacer en su trabajo ideal?
– ¿Qué horario quiere tener?
– ¿Cuánto dinero quiere ganar?
– ¿Cómo es usted como trabajador?
– ¿Qué valora en un trabajo (sueldo, horario, actividad, relaciones con los compañeros, el jefe…)?

TAREA 1 Ejercicio 28

MONÓLOGO

Instrucciones

Usted tiene que hablar ante el entrevistador sobre LOS VIAJES durante 3 o 4 minutos. Elija uno de los aspectos que se le proponen.

VIAJAR SOLO

- ¿Le gusta viajar solo? ¿Por qué?
- ¿Cuándo viajó usted solo por última vez?
- ¿Dónde fue? ¿Cuánto tiempo duró el viaje?
- ¿Qué hace normalmente cuando viaja solo?
- ¿A qué lugar (país, ciudad) le gusta viajar solo? ¿Por qué?
- ¿Qué medio de transporte prefiere cuando viaja solo?

VIAJAR EN GRUPO

- ¿Le gusta viajar en grupo? ¿Por qué?
- ¿Con quién suele viajar en grupo? ¿Qué hacen? ¿Dónde van?
- ¿Cuándo viajó en grupo por primera vez? ¿Dónde fue? ¿Qué hizo? ¿Sucedió algo especial?
- ¿Dónde le gusta viajar en grupo? ¿Por qué?
- ¿Qué medio de transporte utiliza cuando viaja en grupo?
- ¿Cuándo viajó en grupo por última vez? ¿Dónde fue? ¿Por qué? ¿Con quién?
- ¿Qué le gusta de los viajes en grupo? ¿Qué no le gusta de los viajes en grupo?

LOS VIAJES

VIAJAR EN FAMILIA

- ¿Le gusta viajar con su familia? ¿Por qué?
- ¿Con qué frecuencia viaja con su familia? ¿Dónde suele ir? ¿Por qué?
- ¿Qué hace cuando viaja con su familia? ¿Con qué persona de su familia le gusta viajar más? ¿Por qué?
- ¿Qué medio de transporte utiliza cuando viaja con su familia?
- ¿Cuándo viajó con su familia por última vez? ¿Dónde fue? ¿Con quién? ¿Por qué?
- ¿Dónde le gusta viajar con su familia? ¿Por qué?

VIAJAR A SU LUGAR FAVORITO

- ¿A qué lugar le gusta más viajar (ciudad, playa, montaña)? ¿Por qué?
- ¿Cuál es su lugar favorito para ir de viaje?
- ¿Cómo es su lugar favorito?
- ¿Qué hace en su lugar favorito?
- ¿Con qué frecuencia va a su lugar favorito?
- ¿Cuándo estuvo la última vez en su lugar favorito? ¿Cuánto tiempo estuvo? ¿Qué hizo?

VIAJAR A LUGARES DIFERENTES Y EXTRAÑOS

- ¿Ha visitado alguna vez un lugar diferente y extraño? ¿Cuál? ¿Cuánto tiempo estuvo?
- ¿Por qué fue a ese lugar diferente? ¿Con quién?
- ¿Qué había en ese lugar?
- ¿Cómo conoció ese lugar?
- ¿A qué lugar extraño y diferente le gustaría viajar? ¿Por qué?

INSTRUCCIONES Y ESTRATEGIAS SOBRE **LA TAREA 2** DE EXPRESIÓN E INTERACCIÓN ORALES

La tarea

Descripción. Durante **2** o **3 minutos** tienes que **describir** detalladamente la **foto** que ves. Se trata de describir las **características** de las personas que aparecen, explicar **lo que hacen** en la foto e **imaginar lo que sucede** en esa situación.

⚙ Instrucciones y estrategias

> ¡Importante! Recuerda que, antes de comenzar la prueba oral, dispones de 15 minutos para preparar las tareas 1, 2 y 3.

Vamos a hacer un ejemplo a partir de la siguiente ilustración.

Aquí tienes que hacer un esquema parecido al siguiente (como en una lluvia de ideas).

Tienda de ropa de hombre.
Hay también zapatos y complementos.
El señor está hablando con el dependiente.
Lleva ropa informal, puede estar buscando una camisa para el trabajo o puede tener mañana una entrevista de trabajo.
Parece ser que le pregunta el precio o la talla de alguna camisa.
Hay dos personas más en la tienda, un hombre y una mujer.
Parece ser que ha comprado algo más porque lleva una bolsa.
El chico de la tienda lleva pantalón marrón, camisa de manga larga azul y un jersey marrón. Parece simpático y amable.

Para practicar

➢ Ahora puedes hacer los ejercicios 29 y 30 de esta tarea (páginas 82 y 83).

TAREA 2 Ejercicio 29

DESCRIPCIÓN DE UNA IMAGEN

Instrucciones

Describa la imagen: el lugar, las personas, los objetos y las acciones.

Debe hablar sobre las características físicas de las personas y sobre su ropa o sobre las cosas que llevan.

Usted debe hablar durante 2 o 3 minutos.

TAREA 2 Ejercicio 30

DESCRIPCIÓN DE UNA IMAGEN

Instrucciones

Describa la imagen: el lugar, las personas, los objetos y las acciones.

Debe hablar sobre las características físicas de las personas y sobre su ropa o sobre las cosas que llevan.

Usted debe hablar durante 2 o 3 minutos.

TAREA 2 Ejercicio 30

INSTRUCCIONES Y ESTRATEGIAS SOBRE LA TAREA 3 DE EXPRESIÓN E INTERACCIÓN ORALES

La tarea

Diálogo. A partir de la **fotografía** de la **tarea anterior,** tienes que mantener un **diálogo** con el profesor-entrevistador.

Instrucciones y estrategias

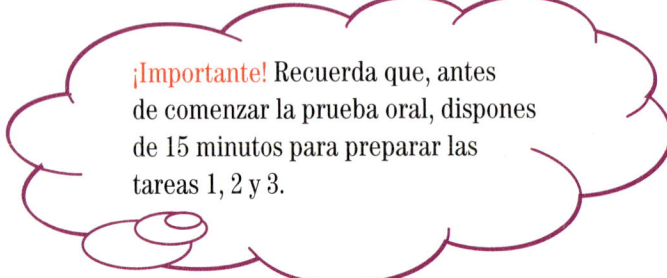

¡Importante! Recuerda que, antes de comenzar la prueba oral, dispones de 15 minutos para preparar las tareas 1, 2 y 3.

Vamos a hacer un ejemplo, pensando que eres tú quien ha entrado a comprar una camisa y habla con el dependiente.

Para esto, puedes preparar algunas preguntas y respuestas que pueden surgir en esta situación.

El profesor-entrevistador va a preguntarte o a responder a tus preguntas como el dependiente de la tienda de ropa en la que estáis.

Lo más importante es demostrar que puedes pedir algo y hacer preguntas para tomar una decisión positiva o negativa.

Como las situaciones de esta tarea son bastante libres, suele haber preguntas y respuestas por ambas partes (del entrevistador y del candidato), pero, normalmente, el entrevistador es quien hace la mayoría de las preguntas.

Lo que viene a continuación es un ejemplo de diálogo a propósito de la ilustración de la tienda de ropa.

1. Inicio

ENTREVISTADOR: SALUDO
—Hola, buenos días / buenas tardes.
CANDIDATO: SALUDO
—Hola, buenos días / buenas tardes.
ENTREVISTADOR: SALUDO-PREGUNTA INICIAL
—¿Qué desea? ¿En qué puedo ayudarle?
CANDIDATO: RESPUESTA
—Estoy buscando...

2. Fase de desarrollo

ENTREVISTADOR: CARACTERÍSTICAS
—¿De qué color?
CANDIDATO:
—Me gusta el...

ENTREVISTADOR: ELECCIÓN

–¿Qué talla usa?

CANDIDATO:

–Uso la…

ENTREVISTADOR:

–¿Le gusta esta?

CANDIDATO:

–SÍ / No….

ENTREVISTADOR:

–Si quiere, puede probársela. Los probadores están al fondo.

CANDIDATO:

–De acuerdo.

ENTREVISTADOR:

–¿Cómo le queda?

CANDIDATO:

–Me queda pequeña / bien / mal…

ENTREVISTADOR: FORMA DE PAGO

–¿Pagará con tarjeta o en efectivo?

CANDIDATO:

–Con tarjeta / en efectivo.

3. Despedida y cierre

ENTREVISTADOR:

–Muchas gracias y hasta pronto. Adiós.

CANDIDATO:

–Hasta luego…

Para practicar

➤ Ahora puedes hacer los ejercicios 31 y 32 de esta tarea (páginas 86 y 87).

TAREA 3 Ejercicio 31

DIÁLOGO CON EL ENTREVISTADOR

Instrucciones
Usted debe imaginar que está en una biblioteca para devolver un libro y buscar otro para un trabajo sobre historia de España. Tiene que hablar con el bibliotecario y pedirle lo que busca. El entrevistador es el bibliotecario.

Modelo de conversación

1. Inicio
ENTREVISTADOR: SALUDO
—Hola, buenos días / buenas tardes.
CANDIDATO: SALUDO
—Hola, buenos días / buenas tardes.
ENTREVISTADOR: SALUDO-PREGUNTA INICIAL
—¿Qué desea?
CANDIDATO: RESPUESTA
—Quiero devolver este libro.

2. Fase de desarrollo
ENTREVISTADOR: PREGUNTA
—¿Va a llevarse algún otro libro?
CANDIDATO:
—Sí, uno sobre historia de España.
ENTREVISTADOR: ESPECIFICACIONES
—¿Sobre qué época? / ¿Qué autor? / ¿Qué editorial? / ¿Qué formato (libro o CD)?
CANDIDATO:
—Sobre el Renacimiento… / De Manuel Tuñón de Lara… / De la editorial Aguilar… / En formato de libro…
ENTREVISTADOR: INDICACIONES
—En ese caso, le aconsejo consultar en las estanterías que están en el segundo pasillo, pero también puede buscarlo en el ordenador.
CANDIDATO:
—¿Me lo puede buscar, por favor? / Ya lo busco yo.
ENTREVISTADOR: IMPOSIBILIDAD
—Lo siento, ese libro no está disponible en estos momentos. Lo devolverán el próximo lunes. Si me da un número de teléfono, lo llamaremos
CANDIDATO:
—Sí, mi teléfono es…

3. Despedida y cierre
ENTREVISTADOR:
—Entonces hasta el próximo lunes.
CANDIDATO:
—Muchas gracias, hasta luego…

TAREA 3 Ejercicio 32

DIÁLOGO CON EL ENTREVISTADOR

Instrucciones

Usted debe imaginar que está en un restaurante donde ha terminado de comer. Tiene que pedir la cuenta al camarero. El entrevistador es el camarero.

Modelo de conversación

1. Inicio

ENTREVISTADOR: SALUDO

–¿Qué tal la comida?

CANDIDATO: SALUDO

–Muy bien / exquisita.

ENTREVISTADOR: SALUDO-PREGUNTA INICIAL

–¿Desea algo más?

CANDIDATO: RESPUESTA

–No, muchas gracias…

2. Fase de desarrollo

ENTREVISTADOR: PETICIÓN

–¿Le traigo ya la cuenta?

CANDIDATO:

–Sí, por favor…

ENTREVISTADOR: DUDAS

–Aquí tiene. ¿Está clara la cuenta?

CANDIDATO:

–¿La factura incluye la propina?

ENTREVISTADOR:

–No, la propina se paga aparte

CANDIDATO: FORMA DE PAGO

–¿Puedo pagar con tarjeta?

EXAMINADOR:

–Sí, sin problema. ¿Me enseña su documento de identidad?

CANDIDATO:

–Sí, aquí está.

ENTREVISTADOR:

–¿Puede firmar aquí, por favor?

CANDIDATO:

–Sí, claro. Por supuesto.

3. Despedida y cierre

ENTREVISTADOR:

–Muy bien, muchas gracias y hasta pronto.

CANDIDATO:

–De nada, gracias a usted, hasta la próxima.

La tarea

Conversación. Debes **conversar sobre un tema** (por ejemplo, ir al cine o al teatro, vacaciones en la playa o en la montaña). Hay **dos fichas,** una para el **entrevistador** y otra **para ti,** y tienes que desempeñar el papel que hay en la tuya. El entrevistador tomará la postura contraria.

Instrucciones y estrategias

Vamos a hacer un ejemplo.

Imagínate que te dan una ficha semejante a la que recogemos a continuación, en la que se plantea una situación. En este caso, estás con un amigo que quiere ver una obra de teatro y tú prefieres ir al cine.

FICHA B: CANDIDATO
Usted ha quedado para salir esta tarde con un amigo. Cuando se encuentran, usted le propone ir al cine, pero él desea ver una obra de teatro. Debe: 1. Decir a su amigo que quiere ir al cine. 2. Explicar por qué prefiere ir al cine.

CINE
  – Más barato.
  – Hay más sesiones y en más salas.
  – En diversas lenguas.
	TEATRO
	  – Más caro.
	  – Hay menos funciones.
	  – Está lejos de casa.

3. Llegar a un acuerdo con su amigo.

Esta situación está en lo que se llama FICHA B: CANDIDATO. En ella están expuestas las instrucciones que debes seguir ("Debe: 1. Decir a su amigo que prefiere ir al cine. 2. Explicar por qué prefiere ir al cine y 3. Llegar a un acuerdo").

En la ficha, hay algunas ideas que pueden ayudarte, pero se pueden añadir otras posibilidades, basándote en la idea de argumentos a favor del cine y en contra del teatro.

No tienes que utilizar todas las ideas de esta ficha, aunque es recomendable hacerlo. Lo que sí es muy necesario es mantener la opinión de lo que dice la ficha durante toda la tarea.

El profesor-entrevistador, que tendrá una ficha, como la que te ofrecemos a continuación, hará el papel de tu amigo y va a defender la idea de ir al teatro, por lo que vais a dialogar sobre este tema.

FICHA A: ENTREVISTADOR

Usted ha quedado para salir esta tarde con un amigo. Cuando se encuentran, él le propone ir al cine, pero usted desea ver una obra de teatro.

Debe:

1. Decir a su amigo que quiere ir a ver una obra de teatro.
2. Explicar por qué prefiere ir al treatro.

TEATRO	CINE
– Único (cada función es distinta).	– Se puede ir otro día.
– Contacto inmediato con los actores.	– No interactúa con el espectador.
– Auténtico.	– Artificial.

3. Llegar a un acuerdo con su amigo.

Lo más importante de todo este diálogo es llegar a un acuerdo con el profesor-entrevistador.

En primer lugar, debes hablar para intentar convencerlo con tus argumentos.

En segundo lugar, no debes exponer todas las razones de una sola vez, sino ir diciendo uno a uno los argumentos y escuchar al entrevistador para contestar y dar una razón a cada uno de sus puntos de vista.

Esta tarea consta, por tanto, de tres grandes fases:

¡Importante!
No sigas discutiendo más tiempo del necesario.

1. Comprender el texto escrito y lo que pide la tarea, es decir, hacer algo con otra persona: desde decidir qué es lo que vais a hacer un día hasta decidir qué modelo de coche vais a comprar, el color y el precio, por ejemplo.

2. Exponer las opiniones a favor y en contra del tema sobre el que debates. Tienes que ir dando tus argumentos poco a poco. Da un argumento en contra cuando el entrevistador dice alguno a favor y viceversa. Enlaza siempre lo que acaba de decir el entrevistador con lo que vas a decir a continuación.

3. Llegar a un acuerdo, buscar un punto común, dar la razón si vemos que los argumentos del otro son comprensibles y aceptables o pedir algo a cambio ("hoy vamos al cine, pero la próxima vez vamos al teatro"). Aquí es importante saber que perder la discusión o ganarla no es síntoma de saber argumentar o convencer. Lo importante es llegar a un acuerdo, buscar una postura razonable, entender el punto de vista del otro. En algún caso extremo, el acuerdo puede ser no estar de acuerdo ("Tú vete al cine y yo me voy al teatro"), pero, normalmente, se puede buscar una solución para las dos partes a través del diálogo.

Para practicar

➤ Ahora puedes hacer los ejercicios 33 y 34 de esta tarea (páginas 90 y 91).

TAREA 4 Ejercicio 33

CONVERSACIÓN CON EL ENTREVISTADOR

Instrucciones

Usted deberá conversar con el entrevistador durante 3 o 4 minutos siguiendo la información que hay en su ficha.

FICHA A: ENTREVISTADOR

Usted comenta con su compañero de trabajo la posibilidad de cambiar de empresa. Usted le habla de la posibilidad de trabajar en una oficina, pero su compañero prefiere trabajar desde casa.

Debe:

1. Decir a su compañero que le gusta trabajar en una oficina.
2. Explicar por qué prefiere trabajar en una oficina.

TRABAJAR EN UNA OFICINA	TRABAJO DESDE CASA
– Existe más contacto con la gente. – Se diferencia el espacio personal del profesional. – Hay relación con los compañeros de trabajo.	– Es aburrido y las relaciones sociales se limitan. – Se trabaja todo el día. – Necesita más organización.

3. Llegar a un acuerdo con su compañero de trabajo.

FICHA B: CANDIDATO

Usted comenta con su compañero de trabajo la posibilidad de cambiar de empresa. Usted le habla de la posibilidad de trabajar desde casa, pero su compañero prefiere trabajar desde la oficina.

Debe:

1. Decir a su compañero de trabajo que le gusta trabajar desde casa.
2. Explicar por qué prefiere trabajar desde casa.

TRABAJAR DESDE CASA	TRABAJAR EN UNA OFICINA.
– Libertad de horarios. – No sé necesita transporte. – Se puede cuidar a los niños.	– Se gasta dinero y tiempo en transporte. – Hay horarios y normas. – Se come fuera.

3. Llegar a un acuerdo con su compañero de trabajo.

TAREA 4 Ejercicio 34

CONVERSACIÓN CON EL ENTREVISTADOR

Instrucciones

Usted deberá conversar con el entrevistador durante 3 o 4 minutos siguiendo la información que hay en su ficha.

FICHA A: ENTREVISTADOR

Usted está planificando hacer un viaje con un amigo. Usted le propone viajar en otoño, pero su amigo prefiere hacerlo en primavera.

Debe:

1. Decir a su amigo que quiere viajar en otoño.
2. Explicar por qué prefiere viajar en otoño.

 OTOÑO
- Es más romántico.
- Paisajes bonitos.
- Frutas diferentes.

 PRIMAVERA
- Hace más calor.
- Hay enfermedades (alergia a las flores).
- Hay más gente en todos los lugares.

3. Llegar a un acuerdo con su amigo.

FICHA B: CANDIDATO

Usted está planificando hacer un viaje con un amigo. Usted le propone viajar en primavera, pero su amigo o amiga prefiere hacerlo en otoño.

Debe:

1. Decir a su amigo que quiere viajar en primavera.
2. Explicar por qué prefiere viajar en primavera.

 PRIMAVERA
- Los días son más largos.
- Es más alegre.
- Puedes salir y hacer excursiones.

 OTOÑO
- Hace mal tiempo (lluvia, frío).
- Es más oscuro.
- No hay hojas ni flores.

3. Llegar a un acuerdo con su amigo.

COMPRENSIÓN DE LECTURA

TAREA 1 Ejercicio 35

⌛ **HORA DE INICIO** ___:___

Instrucciones

Lea los siete enunciados y los diez textos. Seleccione el texto (A-J) que corresponde a cada enunciado (1-7).

Hay once textos, incluido el ejemplo. Seleccione siete.

Marque las opciones elegidas en la **Hoja de respuestas.**

Ejemplo:

TEXTO K

Prohibido entrar en el parque con balones o bicicletas

La opción correcta es la **K.**

A B C D E F G H I J K

0. ☐ ☐ ☐ ☐ ☐ ☐ ☐ ☐ ☐ ☐ ■

ENUNCIADOS		TEXTOS
0.	No se puede jugar.	K
1.	Oferta en la carnicería.	
2.	Medida de limpieza e higiene.	
3.	Los niños no pueden ir solos.	
4.	Hay que cuidar los muebles.	
5.	No abre el fin de semana.	
6.	Tenerla no cuesta dinero.	
7.	Información de medios de transporte.	

TEXTO A

OFERTA VÁLIDA

desde el 23 de noviembre hasta el 15 de enero, en toda la selección de gafas Kaki de

Óptica 3000

TEXTO B

Lávese las manos frecuentemente con jabón (durante 15-20 segundos) y, sobre todo, antes de comer y después de trabajar.

TEXTO C

Cómo llegar.
Desde Madrid A6, salida 19.
Desde M-50, salida 82
"Parque Empresarial".
Autobús n.º 625
desde la estación
de autobuses de
Moncloa.

TEXTO D

Si aún no tienes
la tarjeta de crédito

Sinunduro,

pídela gratis en cualquier oficina
de correos.

TEXTO E

Precio único.
**Una bebida, un postre
y más de quince platos.
Abierto todos los días
de 13:00 a 16:00 horas.**

Buffet Libre Los Olivos.

TEXTO F

Colecciona las

Recetas de familia.

Puedes encontrar más recetas en

www.tucocina.chi

TEXTO G

**Con motivo del puente

de Todos los Santos,

el centro va a permanecer cerrado

hasta el próximo lunes.**

TEXTO H

Por la compra de

un pollo

le regalamos

media docena de huevos.

TEXTO I

Prohibido usar
el ascensor a los
menores de diez años
si no van acompañados
de una persona mayor.

TEXTO J

No dibujen

en las mesas ni en las sillas.

COMPRENSIÓN DE LECTURA

TAREA 2 Ejercicio 36

⏳ **HORA DE INICIO** ___:___

Instrucciones

Lea el correo electrónico que Luisa le ha escrito a su amigo Joaquín. A continuación, responda a las preguntas (8-12). Elija la respuesta correcta (A, B o C).
Marque las opciones elegidas en la **Hoja de respuestas.**

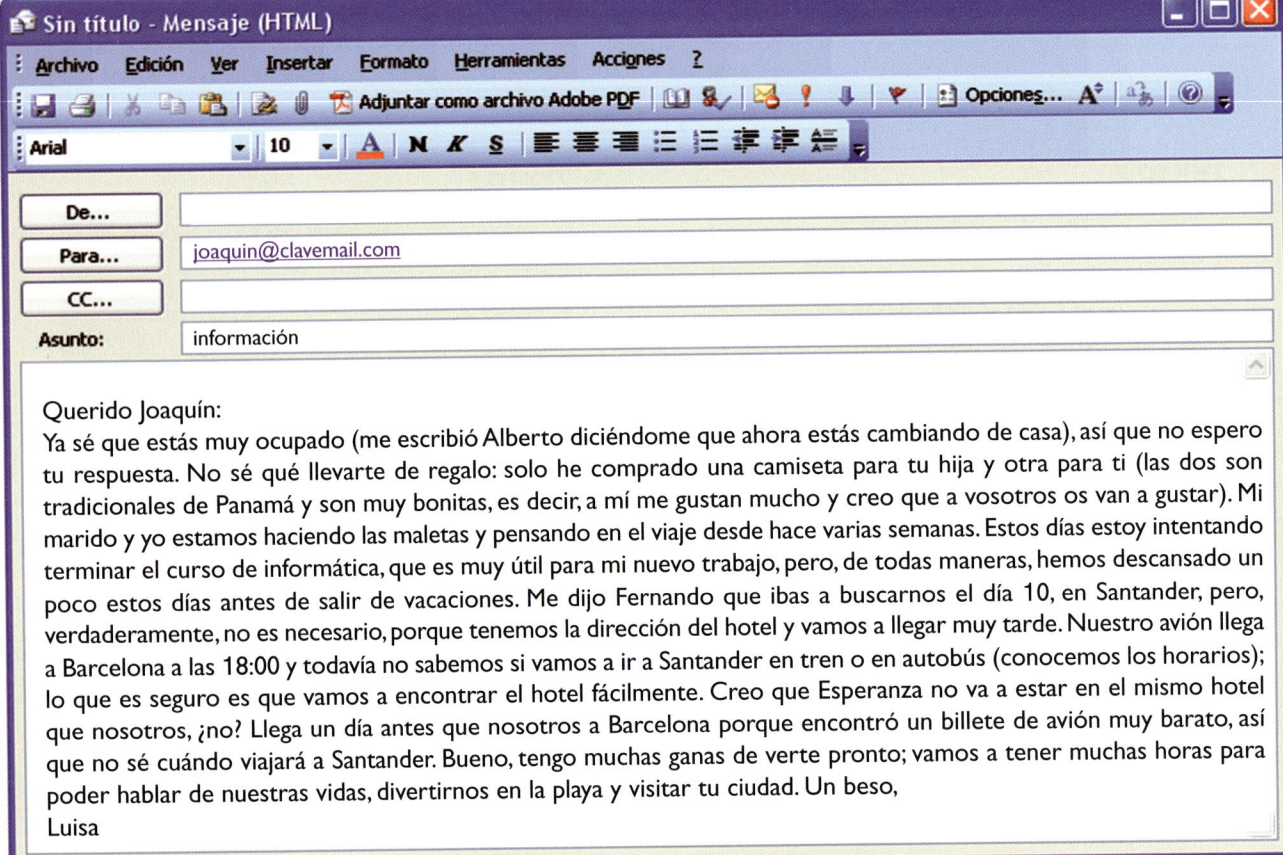

Preguntas

8. En este correo, Luisa habla del viaje que va a hacer con…
  A) sus hijos.
  B) su marido.
  C) su familia.

9. Según el correo…
  A) Alberto está cambiando de casa.
  B) el vuelo de Luisa llega a Barcelona.
  C) Fernando va a buscar a Luisa en Santander.

10. Luisa no sabe…
  A) la dirección del hotel en Santander.
  B) el precio del autobús a Santander.
  C) qué día llega Esperanza a Santander.

11. Según el correo, Luisa…
  A) ya ha estado en Santander.
  B) desea respuesta de Joaquín.
  C) está contenta por viajar.

12. Luisa y su marido…
  A) han comprado algunos regalos.
  B) llegan a Santander por la tarde.
  C) están en el mismo hotel que Esperanza.

⏳ **HORA DE FINALIZACIÓN** ___:___

COMPRENSIÓN DE LECTURA

TAREA 3 Ejercicio 37

⏳ **HORA DE INICIO** ___:___

Instrucciones

Usted va a leer seis anuncios. A continuación responda a las preguntas (13-18). Seleccione la opción correcta (A, B o C).

Ejemplo:

TEXTO 0

> *El alma de Córdoba.* Visitas nocturnas a la catedral de Córdoba. Venta de entradas en las tiendas de E.C.I. Precios especiales para clientes con tarjeta de compras E.C.I.

0. Esta actividad…
   A) es solo para clientes de E.C.I.
   B) dura muchas horas.
   C) se realiza por la noche.

La opción correcta es la **C.**

A B C

0. ☐ ☐ ■

Marque las opciones elegidas en la **Hoja de respuestas.**

TEXTO 1

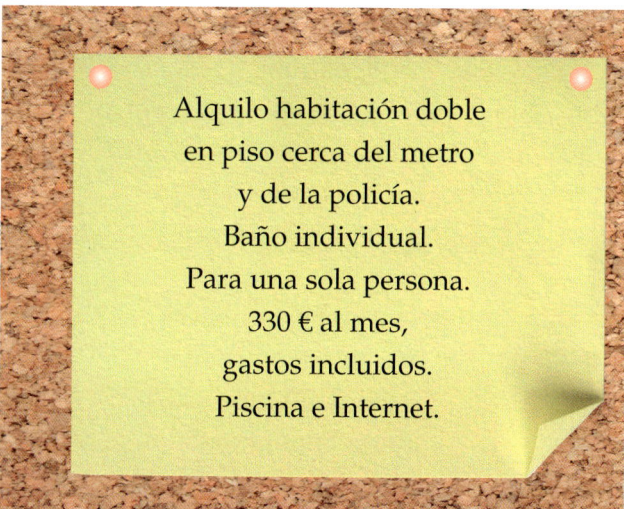

Alquilo habitación doble
en piso cerca del metro
y de la policía.
Baño individual.
Para una sola persona.
330 € al mes,
gastos incluidos.
Piscina e Internet.

TEXTO 2

El hotel Gran Sol
y la revista
Qué me cuentas
invitan a dos lectores.

Gana un viaje al Caribe mexicano para dos personas, en el hotel Gran Sol de Riviera Maya.
Envía un mensaje contando lo que te gusta más del país centroamericano al 678 72 43 45.
Precio: 3,48 € por mensaje, impuestos incluidos.
Duración del concurso: hasta el 31 de enero.

13. La luz, el agua y la comunidad de este piso…
    A) se pagan según el mes.
    B) se pagan en el alquiler.
    C) cuestan unos 300 euros.

14. Para conseguir un viaje gratis…
    A) se debe llamar por teléfono.
    B) tiene que escribir un texto breve.
    C) hay que contestar una pregunta.

TEXTO 3

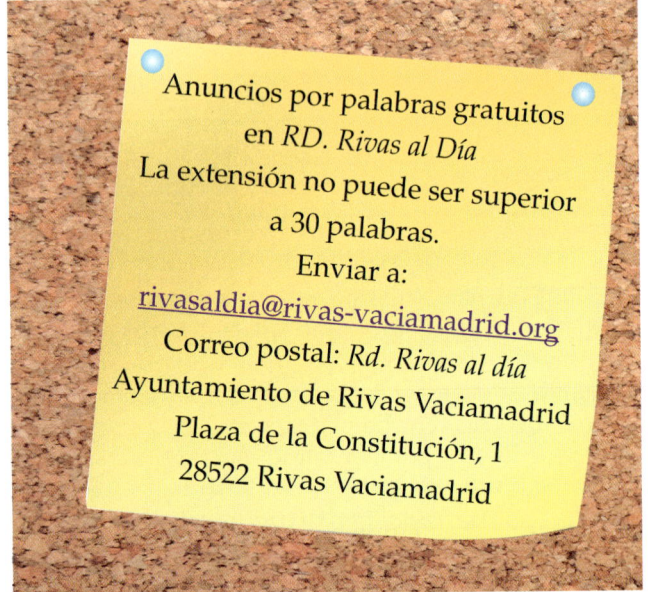

2.ª edición - Curso superior
Comercialización de publicidad en los medios de comunicación.
Título universitario
de la Universidad San Jaime.
Horario compatible
con el trabajo profesional.
Prácticas en un periódico,
radio o televisión.
Duración del curso:
del 5 de febrero al 11 de junio.
Para más información:
914 435 336 o
www.conferenciasyformacion.com

15. En este curso…
   A) se hacen prácticas en una empresa.
   B) hay que trabajar en un periódico.
   C) se debe tener un título universitario.

TEXTO 4

Vuelven los 70

Actuación en vivo.
Ven a bailar
todos los sábados y domingos
al Cañaveral.
Sábados: 21:30.
Domingos: 18:00 a 22:00.
Entrada 10 € (1 bebida)
Sonido en directo.
Canciones de todos los estilos.
Finca Cañaveral.
Tfno. 986 145 895

16. Si va a este espectáculo musical,…
   A) va a tener que bailar.
   B) va a escuchar música variada.
   C) debe pagar una bebida.

TEXTO 5

Anuncios por palabras gratuitos
en *RD. Rivas al Día*
La extensión no puede ser superior
a 30 palabras.
Enviar a:
rivasaldia@rivas-vaciamadrid.org
Correo postal: *Rd. Rivas al día*
Ayuntamiento de Rivas Vaciamadrid
Plaza de la Constitución, 1
28522 Rivas Vaciamadrid

17. Los anuncios en este periódico…
   A) cuestan poco dinero.
   B) solo se hacen por correo electrónico.
   C) tienen que ser muy breves.

TEXTO 6

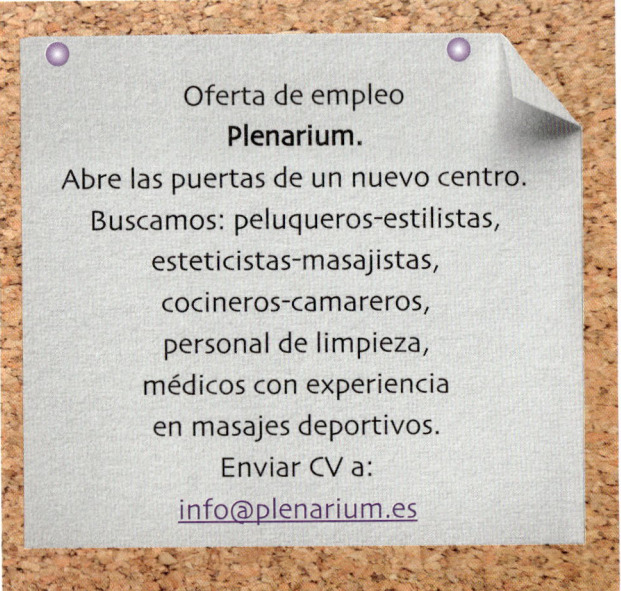

Oferta de empleo
Plenarium.
Abre las puertas de un nuevo centro.
Buscamos: peluqueros-estilistas,
esteticistas-masajistas,
cocineros-camareros,
personal de limpieza,
médicos con experiencia
en masajes deportivos.
Enviar CV a:
info@plenarium.es

18. En este anuncio, la empresa…
   A) necesita personas para trabajar.
   B) ofrece cuidados a deportistas.
   C) informa de una nueva tienda.

 **HORA DE FINALIZACIÓN** ___:___

⌛ HORA DE INICIO ___:___

Instrucciones

Lea los siete enunciados y los diez textos de esta guía de locales y espectáculos de Madrid.
A continuación, seleccione el texto (A-J) que corresponde a cada enunciado (19-24).
Hay diez textos, incluido el ejemplo. Selecciones seis.
Marque las opciones elegidas en la **Hoja de respuestas.**

Ejemplo:

0. En sus salones creemos estar en un monumento andaluz.

La opción correcta es la **F.**

A B C D E F G H I J

0. ☐ ☐ ☐ ☐ ☐ ■ ☐ ☐ ☐ ☐

	ENUNCIADOS	TEXTOS
0.	En sus salones creemos estar en un monumento andaluz.	F
19.	Hay que pagar en efectivo.	
20.	Solamente abre los fines de semana.	
21.	También vende objetos.	
22.	El coche se puede aparcar sin pagar.	
23.	Abre los domingos, pero no hay actuación musical.	
24.	El local que cierra antes por la noche.	

LOCALES Y ESPECTÁCULOS DE MADRID

A. Berlín Cabaret

Cerrado los domingos. Horario: lunes a jueves, 23 h-5 h; viernes y sábados: 23 h-6 h. Discoteca. Actuaciones de cabaret. Aparcamiento cercano.
Ofrece actuaciones en directo. Cruzar sus puertas es trasladarse a un cabaret alemán de los años treinta, perfectamente ambientado.

B. Café de Chinitas

Cierra los lunes. Horario: 20:30 h-2 h Flamenco. No admite tarjeta de crédito.
Restaurante-tablao flamenco situado en un bello palacio del siglo XVIII. Ofrece una cocina internacional de primera clase y las mejores actuaciones de flamenco.

C. Boguí Jazz Club

Horario: domingos a jueves: 22 h-5 h. Viernes, sábados y vísperas de fiesta: 22 h-6 h.
Boguí Jazz es el lugar de los amantes del *jazz* en vivo, en el barrio de Chueca. Conciertos de lunes a sábado; pases a las 23 h y 24 h.

D. DL'S Lounge

Abierto todos los días. Horario: domingo a miércoles: 20 h-1 h. Jueves a sábados: 20 h-3 h. Restaurante-bar. Aparcamiento gratuito.
En este espacio clásico de la Gran Vía, es normal encontrarse a gente del arte y la cultura en un ambiente relajado y cosmopolita.

E. Gran Casino Aranjuez

Abierto todos los días. Horario: 15 h-6 h.
Casino. Gran aparcamiento.
Innovación, espectáculos únicos en Madrid, oferta vanguardista en comida, actos sociales y empresariales llenos de éxito.

F. Torres Bermejas

Tablao-flamenco. Abierto todos los días. Horario: 20:30 h-2 h.
Lugar donde han actuado las más grandes figuras del cante y baile flamencos. Sala de una belleza especial, reproducción de la Alhambra de Granada.

G. Hard Rock Café Madrid

Abierto: martes a domingos. Horario: 12:30 h-2 h. Viernes y sábados: 12:30 h-3 h. Tienda de recuerdos: 10 h-1:30 h.
Bar de copas-restaurante. Ofrece una fantástica mezcla de comida, música, cócteles y las piezas míticas de su Museo del Rock.

H. La Bola

Cierra domingo noche. Horario: 13 h-16 h y 20:30 h-24 h. Cocina madrileña.
Clásica taberna en el Madrid histórico, con más de un siglo de antigüedad. Es famosa por su cocido madrileño hecho con la receta antigua: en puchero de barro y sin prisas.

I. La Barraca

Abierto todos los días. Horario: 13 h-16 h y 20:30 h-23 h. Sábados, domingos y festivos: 13:30 h-16:30 h. y 20 h-23:30 h. Comida valenciana.
Ambientación cuidada e intimista en la que destacan las fotografías de las personas famosas que, desde 1935, han pasado por sus salones.

J. Corral de la Morería

Abierto: viernes a domingos. Horario: 20 h-1:30 h. Flamenco-restaurante. Considerado la *Catedral del Flamenco*, ofrece, desde 1956, el mejor espectáculo con las primeras figuras nacionales del flamenco.

(Adaptado de *Madrid Style*. 2009. Pág. 158-163).

⏳ **HORA DE FINALIZACIÓN** ___:___

COMPRENSIÓN DE LECTURA

⏳ HORA DE INICIO ___:___

Instrucciones

Va a leer un fragmento de una novela en la que el protagonista cuenta lo que ha hecho ese día.
A continuación conteste a las preguntas (25-30). Seleccione la opción correcta (A, B o C).
Marque las opciones elegidas en la **Hoja de respuestas.**

A las ocho de la mañana, llueve en Barcelona. Decido no salir, quedarme en casa y hacer la limpieza. A las nueve estoy cansadísimo. Para pasar el tiempo veo un poco la televisión. Salen varios individuos. Estoy viendo un concurso parecido a los que tanto gustan en mi país.

A una pareja le preguntan cómo se apellidaba Napoleón. La mujer contesta: "Benavente". La respuesta no es correcta. Ahora tiene que contestar el otro matrimonio, pero su respuesta tampoco es correcta. El presentador informa a las parejas concursantes que han perdido medio millón de pesetas. Entra una nueva concursante, que lleva viniendo al concurso veintidós meses seguidos. Me canso del programa y apago la televisión.

A las once de la mañana salgo a hacer algunas compras. Entro en una tienda de ropa y me pruebo una camisa. Al final compro una corbata. Más tarde, entro en un quiosco y compro dos periódicos y una revista. En la tienda de electrodomésticos me gusta todo, pero al final solo puedo llevarme una cafetera. Sin embargo, en la joyería, me compro un reloj de pulsera, automático. Pienso que tengo que hacer un regalo a mi mujer por su cumpleaños y que lo mejor es ir a la perfumería.

Mientras paseo por las Ramblas, el cielo se cubre de nubes: es evidente que va a llover. Como es la hora de la comida, entro en un restaurante chino que hay cerca de casa.

El propietario del restaurante es Kiang-Si; de niño emigró a Barcelona. Se ha casado y tiene cuatro hijos. Trabaja de lunes a sábado y descansa el domingo, cuando sale con su familia de excursión. Me dice que quiere volver a China, que trabaja y ahorra para eso. Me pregunta a qué me dedico. Le digo que soy cantante de boleros. A él le gustan mucho los boleros porque le recuerdan a su país. Vuelvo a casa, pero en la puerta del ascensor hay un cartel que dice: "No funciona". Subo a pie y al pasar frente a la puerta del piso de mi vecina me paro porque se escucha a su hijo gritando porque no quiere comerse el plato de verdura que ella ha preparado. Entro en mi apartamento y me pongo el pijama; me acuesto y decido dedicar el resto del día a descansar.

Inicio la lectura de la narrativa española contemporánea, muy conocida dentro y fuera del país, y empiezo por la novela *Bertoldo, Bertoldino* y *Cacaseno.*

(Adaptado de *Sin noticias de Gurb,* Eduardo Mendoza.
Seix Barral. Barcelona. 1999).

Preguntas

25. El texto trata de…
    A) los gustos del protagonista.
    B) la vida diaria del protagonista.
    C) la ciudad del protagonisa.

26. Según el texto,…
    A) Kiang-Si va de excursión con su familia cuando no trabaja.
    B) los concursantes de la televisión ganaron mucho dinero.
    C) el protagonista vive con su familia en un piso alquilado.

27. El protagonista…
    A) está divorciado.
    B) vive en un piso.
    C) está en paro.

28. El día del que habla el relato…
    A) hacía mal tiempo en Barcelona.
    B) el protagonista compró comida.
    C) las tiendas estaban cerradas.

29. Según el texto, la vecina del protagonista…
    A) vive enfrente de él.
    B) está recién divorciada.
    C) ha hecho la comida.

30. Según el texto, el protagonista se dedica a…
    A) la música profesionalmente.
    B) hacer la limpieza en casa.
    C) enseñar literatura española.

COMPRENSIÓN AUDITIVA

TAREA 1 Ejercicio 40 - Pista 16 ⊙♫

⏳ **HORA DE INICIO** ___:___

Instrucciones

Usted va a escuchar siete anuncios de radio. Los anuncios se repiten dos veces. Seleccione la opción correcta (A, B o C) para cada pregunta sobre los anuncios.

Marque las opciones seleccionadas en la **Hoja de respuestas.**

A continuación va a oír un ejemplo:

0. El disco de Rafael…
   A) se publicó en América Latina.
   B) tiene canciones populares.
   C) es un regalo de enamorados.

La opción correcta es la **B.**

A   B   C

0. ☐ ■ ☐

Preguntas

1. En esta información sobre el tiempo en España se dice que hoy va a…
   A) nevar a los ochocientos metros.
   B) hacer más frío.
   C) llover por la mañana.

2. En este programa puedes…
   A) pedir información.
   B) llamar por teléfono.
   C) hablar con un médico.

3. Si compra este móvil, se le regala…
   A) una cámara.
   B) una tarjeta.
   C) un bolso.

4. Con la compañía A tu aire, durante el vuelo se puede…
   A) tomar un café.
   B) llamar por teléfono.
   C) navegar por Internet.

5. En Accesorios Blanco…
   A) regalan unas zapatillas con cada compra.
   B) venden objetos para hombre y mujer.
   C) es más divertido comprar juegos.

6. El restaurante La Caracola…
   A) sirve menús de dieciséis euros.
   B) abre hasta las cuatro de la tarde.
   C) no abre los fines de semana.

7. Para seguir este consejo no se debe…
   A) tomar gran cantidad de fruta.
   B) comer muchas veces al día.
   C) hablar mientras se come.

⏳ **HORA DE FINALIZACIÓN** ___:___

COMPRENSIÓN AUDITIVA

TAREA 2 Ejercicio 41 - Pista 17 ⊙♫

⌛ **HORA DE INICIO** ___:___

Instrucciones

Va a escuchar una noticia en la radio. Escuchará la noticia dos veces. Seleccione la opción correcta (A, B o C) para cada pregunta.

Marque las opciones elegidas en la **Hoja de respuestas.**

Ahora tiene 35 segundos para leer las preguntas.

Preguntas

8. En esta carrera participaron…
   A) más de dieciséis colegios.
   B) más niñas que niños.
   C) más niños que el año pasado.

9. El ganador en la categoría infantil fue…
   A) Francisco Tomás.
   B) David González.
   C) Raúl Martínez.

10. Esta carrera se celebra…
    A) desde hace siete años.
    B) en el colegio Bravo Murillo.
    C) en el parque de la Constitución.

11. Al final de la carrera, hubo regalos para…
    A) los padres de los participantes.
    B) los profesores de los colegios.
    C) los compañeros de los alumnos.

12. El día de esta carrera…
    A) hacía frío.
    B) llovía mucho.
    C) era sábado.

13. En esta carrera participan…
    A) profesores y alumnos.
    B) deportistas y entrenadores.
    C) alumnos del barrio.

⌛ **HORA DE FINALIZACIÓN** ___:___

COMPRENSIÓN AUDITIVA

TAREA 3 Ejercicio 42 - Pista 18 ⊙♫

⌛ **HORA DE INICIO** ___:___

Instrucciones

Usted va a escuchar siete mensajes. Escuchará cada mensaje dos veces. Seleccione el enunciado (A-J) que corresponde a cada mensaje (14-19).

Hay diez enunciados, incluido el ejemplo. Selecciones seis.

Marque las opciones elegidas en la **Hoja de respuestas.**

Escuche ahora el ejemplo:

Mensaje 0

La opción correcta es la **B.**

A B C D E F G H I J

0. ☐ ■ ☐ ☐ ☐ ☐ ☐ ☐ ☐ ☐

Ahora tiene 25 segundos para leer los enunciados.

ENUNCIADOS	
A.	Puede elegir fruta.
B.	Va a salir más tarde.
C.	Prefiere ir al gimnasio por la tarde.
D.	Cierra el viernes por la tarde.
E.	Le propone ir a ver cuadros.
F.	Tiene que dejar la cita para otro día.
G.	El menú incluye vino o cerveza.
H.	La entrada es libre y gratuita.
I.	No está abierta por las mañanas.
J.	Se van de vacaciones una semana.

MENSAJES		ENUNCIADOS
	Mensaje 0	B
14.	Mensaje 1	
15.	Mensaje 2	
16.	Mensaje 3	
17.	Mensaje 4	
18.	Mensaje 5	
19.	Mensaje 6	

⌛ **HORA DE FINALIZACIÓN** ___:___

COMPRENSIÓN AUDITIVA

TAREA 4 Ejercicio 43 - Pista 19 ⊙♫

⏳ **HORA DE INICIO** ___:___

Instrucciones

Usted va a escuchar una conversación entre dos amigos estudiantes. Escuchará la conversación dos veces. Lea las preguntas (20-25) y seleccione la opción correcta (A, B o C) para cada pregunta.

Marque las opciones elegidas en la **Hoja de respuestas.**

Ahora tiene 35 segundos para leer las preguntas.

Preguntas

20. La chica vive…
    A) con su nueva familia.
    B) en un piso compartido.
    C) sola en el apartamento.

21. Casi todos los compañeros de piso de la chica estudian…
    A) Derecho.
    B) Historia.
    C) Informática.

22. El chico…
    A) estudia Historia.
    B) trabaja en la biblioteca.
    C) ha conocido a una chica.

23. El viernes, el chico quería…
    A) viajar a Holanda.
    B) estudiar en la biblioteca.
    C) ir a ver una película.

24. La chica invita al chico a…

A)

B)

C)

25. Mónica, la nueva amiga del chico…
    A) ha estudiado Informática.
    B) ha vivido en otro país.
    C) quería conocer a sus amigos.

⏳ **HORA DE FINALIZACIÓN** ___:___

COMPRENSIÓN AUDITIVA

TAREA 5 Ejercicio 44 - Pista 20 ⊙♫

⌛ **HORA DE INICIO** ___:___

Instrucciones

Usted va a escuchar a dos personas hablando sobre el robo que ha sufrido una de ellas. Oirá la conversación dos veces. Seleccione la imagen (A-H) que corresponde a cada enunciado (26-30).
Hay ocho imágenes. Seleccione cinco.
Marque las opciones elegidas en la **Hoja de respuestas.**
Ahora tiene 15 segundos para leer los enunciados

ENUNCIADOS		IMÁGENES
26.	Lugar de la conversación.	
27.	La tarde de Alicia.	
28.	Cómo es el ladrón.	
29.	Dónde vive Alicia.	
30.	Objetos robados.	

A

B

C

D

E

F

G

H

⌛ **HORA DE FINALIZACIÓN** ___:___

EXPRESIÓN E INTERACCIÓN ESCRITAS

TAREA 1 Ejercicio 45

⏳ **HORA DE INICIO** ___:____

Instrucciones

Usted envió su currículo a una empresa hace una semana. Escriba un correo electrónico a la empresa para estar seguro de que recibieron su currículo. En el mensaje debe:

- saludar y presentarse;
- decir cuándo envió su currículo;
- especificar el puesto de trabajo.

Número de palabras: entre 30 y 40.

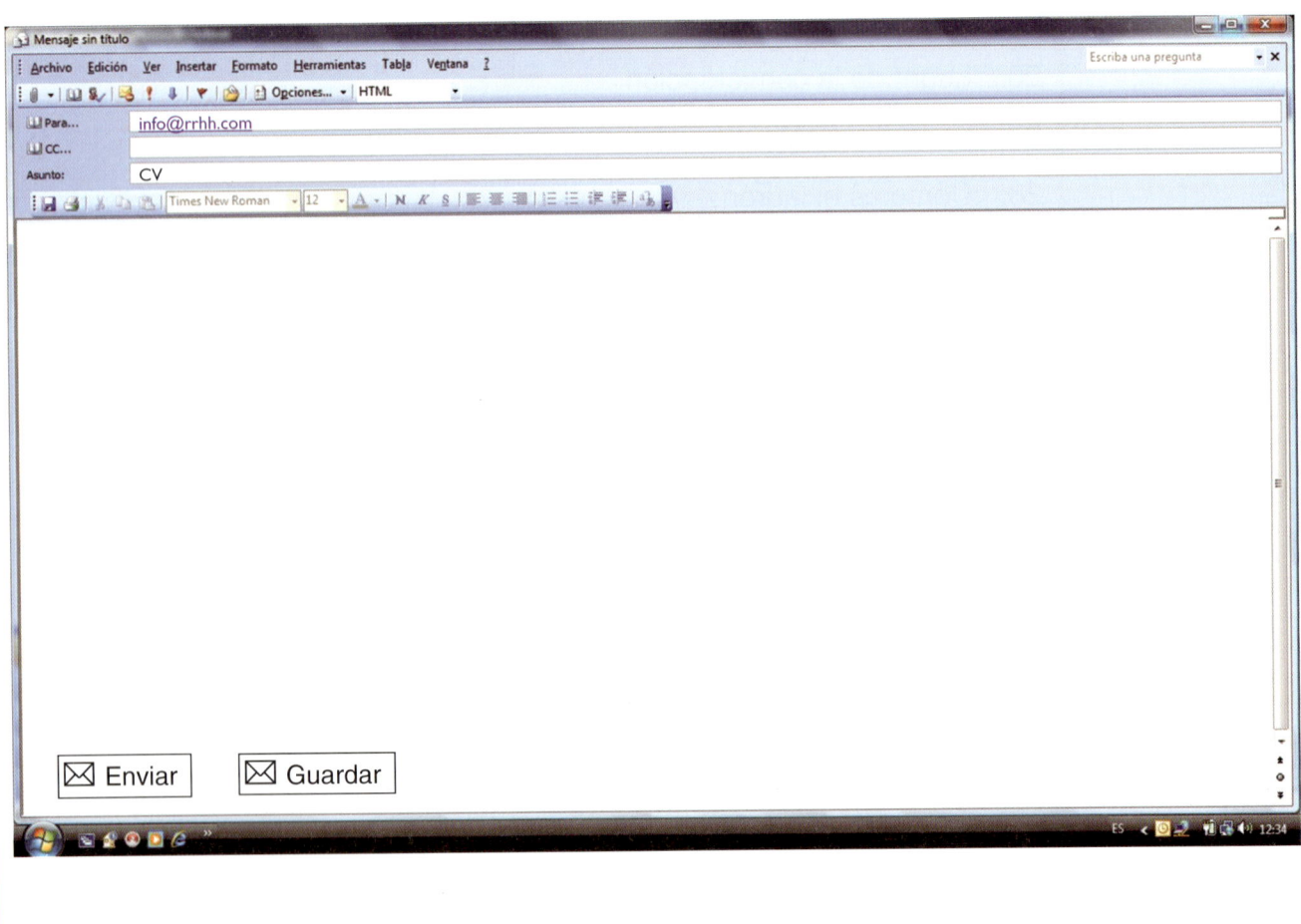

⏳ **HORA DE FINALIZACIÓN** ___:____

EXPRESIÓN E INTERACCIÓN ESCRITAS

TAREA 2 Ejercicio 46

⏳ **HORA DE INICIO** ___:___

Instrucciones

Usted alquila su piso o su casa durante un mes. Escriba un anuncio para un periódico. En él debe:

– decir dónde está su casa y cómo es;
– explicar cuántas habitaciones tiene;
– indicar los muebles y electrodomésticos que hay.

No olvide indicar las fechas y el precio.

Número de palabras: entre 70 y 80.

⏳ **HORA DE FINALIZACIÓN** ___:___

TAREA 3 Ejercicio 47

⌛ HORA DE INICIO ___ : ___

Instrucciones

Aquí le presentamos algunos datos y fotografías de la vida de Teresa Álvarez. Escriba su biografía.
En ella tiene que contar:
 – su aspecto físico y su personalidad;
 – sus gustos y aficiones;
 – los hechos más importantes de su vida.

Número de palabras: entre 70 y 80.

DATOS BIOGRÁFICOS
• Nombre y apellidos: Teresa Álvarez García
• Lugar de nacimiento: Lima (Perú)
• Fecha de nacimiento: 13/11/1981
• Estado civil: divorciada

⌛ HORA DE FINALIZACIÓN ___ : ___

EXPRESIÓN E INTERACCIÓN ORALES

TAREA 1 Ejercicio 48

MONÓLOGO

Instrucciones

Usted tiene que hablar ante el entrevistador sobre MEDIOS DE TRANSPORTE durante 3 o 4 minutos. Elija uno de los aspectos que se le proponen.

EL COCHE

- ¿Tiene coche? ¿Qué tipo de coche es? ¿Qué marca? ¿Qué modelo?
- ¿Cuándo utiliza el coche? ¿Por qué?
- ¿Dónde suele ir? ¿Con quién viaja en coche?
- ¿Cuántas horas va en coche cada día?
- ¿Ha hecho algún viaje especial en coche?
- ¿Qué ventajas tiene ir en coche?

EL TREN

- ¿Le gusta viajar en tren? ¿Por qué?
- ¿Dónde suele ir en tren? ¿Cuánto cuesta el billete?
- ¿Hay estación de tren en su ciudad? ¿Está bien comunicada su ciudad con otras ciudades de su país?
- ¿Qué hace cuando viaja en tren?
- ¿Qué ventajas tiene viajar en tren?
- ¿Cuándo viajó en tren por última vez?

LOS MEDIOS DE TRANSPORTE

EL AVIÓN

- ¿Le gusta viajar en avión? ¿Por qué?
- ¿Con qué frecuencia viaja en avión?
- ¿Dónde ha ido en avión? ¿Por qué lo utilizó?
- ¿Hay algún aeropuerto cerca de su ciudad?
- ¿Qué ventajas tiene viajar en avión? ¿Qué cosas no le gustan de viajar en avión?
- ¿Cuándo utilizó el avión por última vez? ¿Dónde fue? ¿Cuánto le costó el billete?

EL BARCO

- ¿Le gusta viajar en barco? ¿Por qué?
- ¿Cuántas veces ha viajado en barco?
- ¿Dónde ha ido en barco? ¿Por qué?
- ¿Hay algún puerto cerca de su ciudad?
- ¿Qué hace durante el viaje en barco?
- ¿Qué ventajas tiene el barco? ¿Qué cosas no le gustan de viajar en barco?
- ¿Cuándo viajó en barco por última vez?

EL AUTOBÚS

- ¿Le gusta viajar en autobús? ¿Por qué?
- ¿Con qué frecuencia utiliza el autobús? ¿Dónde va? ¿Son viajes largos o cortos?
- ¿Hay estación de autobús en su ciudad? ¿Está bien comunicada su ciudad con otras ciudades de su país por autobús?
- ¿Qué hace cuando viaja en autobús?
- ¿Qué ventajas tiene utilizar el autobús? ¿Qué cosas no le gustan del autobús?
- ¿Cuándo utilizó el autobús por última vez? ¿Dónde fue? ¿Desde dónde?

Instrucciones

Usted tiene que hablar ante el entrevistador sobre LAS COMIDAS durante 3 o 4 minutos. Elija uno de los aspectos que se le proponen.

COMIDA EN CASA

– ¿Cuándo come en casa? ¿A qué hora?
– ¿Quién cocina?
– ¿Qué tipo de comida prepara?
– ¿Qué le gusta comer en casa?
– ¿Con quién come? ¿Qué hace mientras come?
– ¿En qué habitación de la casa come?
– ¿Prefiere comer en casa o fuera de casa?

COMER FUERA DE CASA

– ¿Con qué frecuencia come fuera de casa? ¿Por qué?
– ¿Qué le gusta comer fuera de casa?
– ¿A qué lugares va a comer fuera de casa?
– ¿Con quién suele salir a comer fuera?
– ¿Cuánto cuesta comer en un restaurante de su ciudad? ¿Paga en efectivo o con tarjeta?
– ¿Cuál es el restaurante más caro y elegante en el que ha comido? ¿Qué pidió?

LAS COMIDAS

COMIDAS CON AMIGOS

– ¿Con qué frecuencia come con amigos? ¿Tiene algún día especial para reunirse con ellos? ¿Por qué?
– ¿Dónde comen? ¿En sus casas? ¿En restaurantes? ¿Por qué?
– ¿Cuántas personas se reúnen?
– ¿Por qué motivo suele quedar para comer con sus amigos?
– ¿Qué les gusta comer a sus amigos?
– ¿Ha cocinado o cocina algún plato para sus amigos? ¿Cuál es su especialidad?
– ¿Qué hacen antes de comer? ¿Y durante la comida? ¿Y cuando terminan la comida?

COMIDAS EN DÍAS DE FIESTA

– ¿Qué suele comer los días de fiesta?
– ¿Prefiere salir a comer fuera o quedarse en casa los días de fiesta?
– ¿Dónde y con quién come los días de fiesta?
– ¿Suele reservar mesa en un restaurante para celebrar una fiesta?
– ¿Qué suele comer los fines de semana? ¿Con quién come? ¿Dónde?
– ¿Cuáles son las fiestas más importantes de su país? ¿Qué se come esos días?

LA COMIDA DIARIA

– ¿Cuántas veces come al día? ¿A qué horas? ¿Dónde hace cada una de las comidas?
– ¿Con quién come cada día?
– ¿Qué suele comer?
– ¿Cuál es su comida favorita?
– ¿Hay alguna comida que no le gusta?
– ¿Tiene prohibido comer algún producto? ¿Por qué?

EXPRESIÓN E INTERACCIÓN ORALES

DESCRIPCIÓN DE UNA IMAGEN

Instrucciones

Describa la imagen: el lugar, las personas, los objetos y las acciones.

Debe hablar sobre las características físicas de las personas y sobre su ropa o sobre las cosas que llevan.

Usted debe hablar durante 2 o 3 minutos.

EXPRESIÓN E INTERACCIÓN ORALES

DIÁLOGO CON EL ENTREVISTADOR

Instrucciones

Usted debe imaginar que está en una entrevista de trabajo. Tiene que responder a las preguntas del director de la empresa. El entrevistador es el director de la empresa.

Modelo de conversación

1. Inicio

ENTREVISTADOR: SALUDO

–Hola, buenos días / buenas tardes.

CANDIDATO: SALUDO

–Hola, buenos días / buenas tardes.

ENTREVISTADOR: MOTIVO LLAMADA

–Le hemos llamado porque nos interesa su currículo y queremos hacerle unas preguntas.

CANDIDATO: RESPUESTA

–Muy bien, de acuerdo…

2. Fase de desarrollo

ENTREVISTADOR: ESTUDIOS

–En primer lugar, queríamos saber qué estudió.

CANDIDATO:

–He estudiado…

ENTREVISTADOR: EXPERIENCIA

–¿Qué trabajos ha realizado hasta ahora?

CANDIDATO:

–He trabajado en…

ENTREVISTADOR: INTERESES

–¿Por qué le interesa trabajar en nuestra empresa?

CANDIDATO:

–Quiero trabajar en esta empresa porque es moderna, dinámica, líder en su campo y creo que voy a aprender mucho trabajando aquí…

ENTREVISTADOR: CONDICIONES

–Y dígame, ¿conoce las condiciones de este trabajo? ¿Sabe que el contrato es de seis meses? ¿Está de acuerdo en trabajar 20 horas semanales?

CANDIDATO:

–Sí, las conozco y me parecen muy bien, estoy de acuerdo.

3. Despedida y cierre

ENTREVISTADOR:

–En ese caso, vamos a estudiar más en profundidad su currículo y dentro de un par de días lo llamamos para darle una respuesta.

CANDIDATO:

–Muchas gracias…

ENTREVISTADOR:

–Muchas gracias a usted. Hasta pronto.

EXPRESIÓN E INTERACCIÓN ORALES

TAREA 4 Ejercicio 51

CONVERSACIÓN CON EL ENTREVISTADOR

Instrucciones

Usted deberá conversar con el entrevistador durante 3 o 4 minutos siguiendo la información que hay en su ficha.

FICHA A: ENTREVISTADOR

Usted tiene que realizar las compras con un amigo. Usted le propone ir a una tienda en el barrio, pero él o ella prefiere ir a un centro comercial.

Debe:

1. Decir a su amigo que quiere ir a una tienda de barrio.
2. Explicar por qué prefiere una tienda de barrio.

 TIENDA DE BARRIO
- Trato personalizado.
- Calidad y productos diferentes.
- Cercanía, vida en la ciudad.

 CENTRO COMERCIAL
- Mucha gente.
- Lejos, necesidad de transporte.
- Precios fijos.

3. Llegar a un acuerdo con su amigo.

FICHA B: CANDIDATO

Usted tiene que realizar las compras con un amigo. Usted le propone ir a un centro comercial, pero él o ella prefiere ir a una tienda de barrio.

Debe:

1. Decir a su amigo que quiere ir a un centro comercial.
2. Explicar por qué quiere ir a un centro comercial.

 CENTRO COMERCIAL
- Hay muchos productos, variedad de tiendas, ofertas.
- Aparcamiento.
- Aire acondicionado y calefacción.

 TIENDA DE BARRIO
- Poca variedad y cantidad de productos.
- Horarios limitados.
- Dificultades (devolución, aparcamiento…).

3. Llegar a un acuerdo con su amigo.

COMPRENSIÓN DE LECTURA

TAREA 1 Ejercicio 52

⏳ **HORA DE INICIO** ___:___

Instrucciones

Lea los siete enunciados y los diez textos. Seleccione el texto (A-J) que corresponde a cada enunciado (1-7).

Hay once textos, incluido el ejemplo. Seleccione siete .

Marque las opciones elegidas en la **Hoja de respuestas.**

Ejemplo:

TEXTO K

Cuidado con el perro

La opción correcta es la **K.**

A B C D E F G H I J K
0. ☐ ☐ ☐ ☐ ☐ ☐ ☐ ☐ ☐ ☐ ■

ENUNCIADOS		TEXTOS
0.	Hay un animal peligroso.	K
1.	Puedes publicar tus ideas.	
2.	Mal tiempo en la carretera.	
3.	Motivos para dejar el tabaco.	
4.	No se puede hablar.	
5.	Algunas personas no pagan.	
6.	Tiene una habitación libre.	
7.	Es necesario para bañarse.	

TEXTO A

**Guarden silencio
en la sala de biblioteca.
Está prohibido
comer y beber
en el edificio.**

TEXTO B

Se suspende la obra de teatro
por enfermedad
de uno de los actores.

TEXTO C

Para participar en el foro,
envíe sus textos y sus preguntas
por correo electrónico
a la siguiente dirección:

losabemostodo@yomeloinvento.com

TEXTO D

Para reservar una mesa,

llamen al

948 234 421.

TEXTO E

**El domingo próximo,
los miembros de la Asociación
de Vecinos van a visitar
el parque de atracciones.**

Entrada gratuita para los socios.

TEXTO F

**Busco compañero

para compartir piso.**

TEXTO G

**Es obligatorio

el uso de gorro

y ropa de baño adecuada

para utilizar

la piscina del hotel.**

TEXTO H

**Hay buenas razones

para no fumar más.

¿Cuáles son tus razones?**

TEXTO I

Ingredientes:

azúcar,
harina de trigo,
naranja deshidratada,
vitaminas E, B6 y B1.

TEXTO J

**Cuidado con la nieve.

Reduzca la velocidad

de su coche.**

⌛ HORA DE FINALIZACIÓN ___:___

COMPRENSIÓN DE LECTURA

TAREA 2 Ejercicio 53

⌛ HORA DE INICIO ___:___

Instrucciones

Lea el correo electrónico que Leo le ha escrito a su amigo Ángel. A continuación, responda a las preguntas (8-12). Elija la respuesta correcta (A, B o C).

Marque las opciones elegidas en la **Hoja de respuestas.**

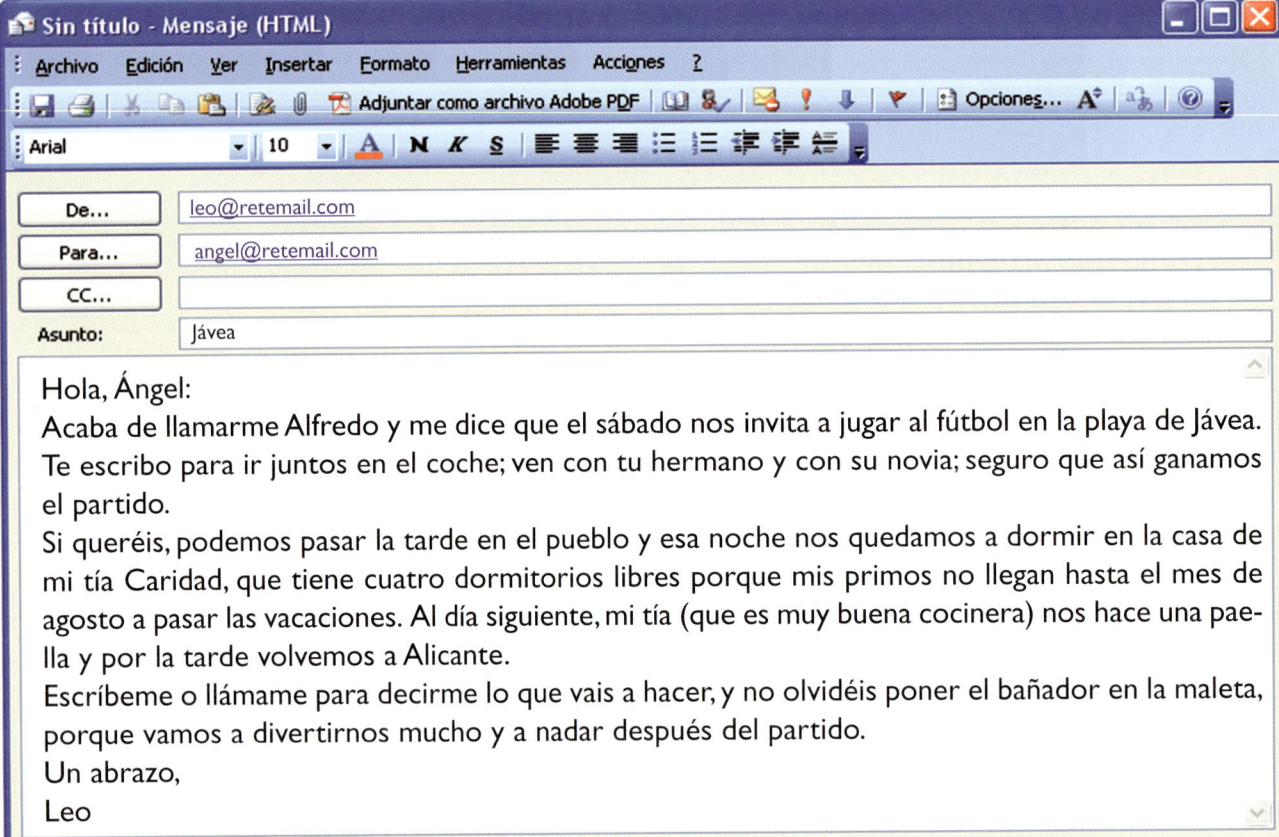

De... leo@retemail.com

Para... angel@retemail.com

CC...

Asunto: Jávea

Hola, Ángel:

Acaba de llamarme Alfredo y me dice que el sábado nos invita a jugar al fútbol en la playa de Jávea. Te escribo para ir juntos en el coche; ven con tu hermano y con su novia; seguro que así ganamos el partido.

Si queréis, podemos pasar la tarde en el pueblo y esa noche nos quedamos a dormir en la casa de mi tía Caridad, que tiene cuatro dormitorios libres porque mis primos no llegan hasta el mes de agosto a pasar las vacaciones. Al día siguiente, mi tía (que es muy buena cocinera) nos hace una paella y por la tarde volvemos a Alicante.

Escríbeme o llámame para decirme lo que vais a hacer, y no olvidéis poner el bañador en la maleta, porque vamos a divertirnos mucho y a nadar después del partido.

Un abrazo,

Leo

Preguntas

8. Alfredo invita a Ángel y a Leo a…
   A) comer paella.
   B) jugar al fútbol.
   C) bañarse en el mar.

9. En el correo electrónico se dice que…
   A) los primos de Leo viven en Jávea.
   B) Alfredo va a llamar por teléfono.
   C) Leo y Ángel van a viajar en coche.

10. La casa de la tía de Leo…
   A) está en la montaña.
   B) tiene habitaciones libres.
   C) tiene cuatro dormitorios.

11. El domingo…
   A) van a comer paella.
   B) se quedan en Jávea.
   C) pueden nadar en el mar.

12. Al acabar el partido, Leo propone…
   A) hacer una excursión.
   B) visitar el pueblo.
   C) bañarse en el mar.

⌛ HORA DE FINALIZACIÓN ___:___

COMPRENSIÓN DE LECTURA

TAREA 3 Ejercicio 54

⧗ HORA DE INICIO ___ : ___

Instrucciones

Usted va a leer seis anuncios. A continuación, responda a las preguntas (13-18). Seleccione la opción correcta (A, B o C).
Marque las opciones elegidas en la **Hoja de respuestas.**

Ejemplo:

TEXTO 0

> Restaurante Las Batuecas. Especialidad en pescado. C/ Reina María Victoria, 83. Cierra las noches de domingo a jueves. Menús especiales para grupos. Admite tarjetas.

0. En este restaurante…
    A) se puede cenar un martes.
    B) se puede pagar con tarjeta.
    C) se puede pedir un menú especial.

La opción correcta es la **B.**

    A   B   C

0. ☐ ■ ☐

TEXTO 1

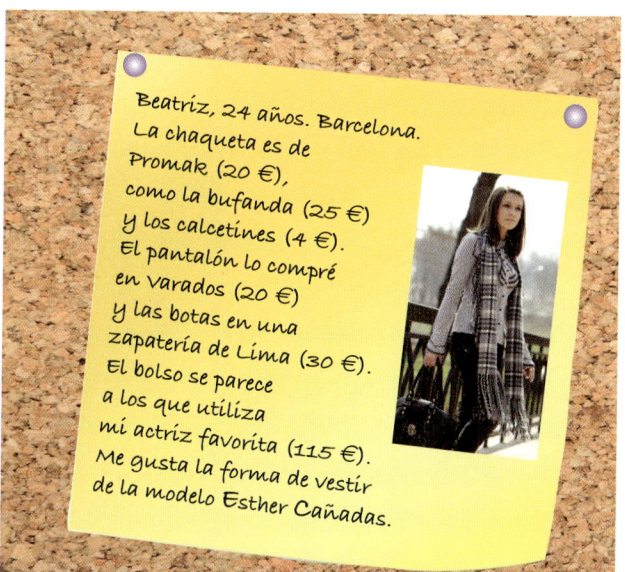

TEXTO 2

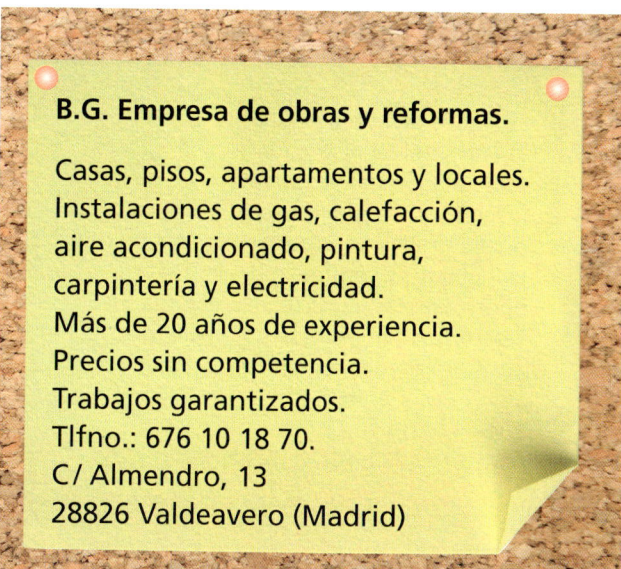

13. Esta chica lleva…
    A) el bolso de Esther Cañadas.
    B) una prenda para el cuello.
    C) una bufanda de Varados.

14. Según el anuncio,…
    A) solo se hacen obras en empresas.
    B) la empresa tiene calefacción.
    C) se pintan todo tipo de edificios.

TEXTO 3

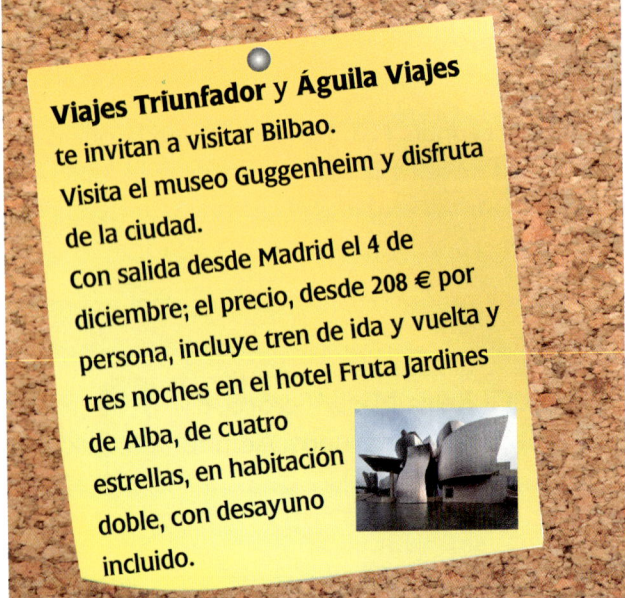

Viajes Triunfador y **Águila Viajes** te invitan a visitar Bilbao. Visita el museo Guggenheim y disfruta de la ciudad. Con salida desde Madrid el 4 de diciembre; el precio, desde 208 € por persona, incluye tren de ida y vuelta y tres noches en el hotel Fruta Jardines de Alba, de cuatro estrellas, en habitación doble, con desayuno incluido.

15. El viaje a Bilbao…
    A) permite ver obras de arte.
    B) incluye todas las comidas.
    C) es un regalo a los clientes.

TEXTO 4

Cuando tu hijo se hace mayor, no solo necesita ropa nueva.
Necesita el queso Ciudad de Farias, que le da tres veces más energía que la leche.
Puedes preparar tu queso Ciudad de mil maneras diferentes y divertidas.
Todas le van a encantar: para desayunar, en una tostada con azúcar.
A la hora de comer, con un plato de verduras. Para merendar, en un bocadillo.
Para cenar, en una macedonia de frutas.

16. El queso Ciudad de Farias…
    A) regala pantalones y camisas.
    B) alimenta más que la leche.
    C) se come siempre con pan.

TEXTO 5

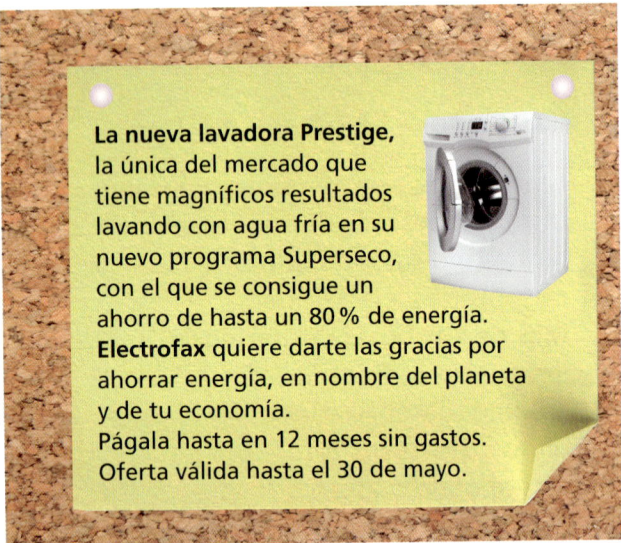

La nueva lavadora Prestige, la única del mercado que tiene magníficos resultados lavando con agua fría en su nuevo programa Superseco, con el que se consigue un ahorro de hasta un 80 % de energía.
Electrofax quiere darte las gracias por ahorrar energía, en nombre del planeta y de tu economía.
Págala hasta en 12 meses sin gastos.
Oferta válida hasta el 30 de mayo.

17. Este electrodoméstico…
    A) se vende hasta final de mayo.
    B) es el más barato del mercado.
    C) puede pagarse en un año.

TEXTO 6

Envía tu receta desde
www.pescaderiascorunesas.es
antes del 28 de febrero y participa
en el Concurso de Recetas de Pescado.

Mejor fotografía: premio de 500 €.

Mejor receta: 1500 €.

18. El concurso premia al mejor…
    A) pescadero.
    B) fotógrafo.
    C) pescador.

⏳ **HORA DE FINALIZACIÓN __:___**

COMPRENSIÓN DE LECTURA

⏳ HORA DE INICIO ___:___

Instrucciones

Lea los siete enunciados y los diez textos de esta guía de parques madrileños. A continuación, seleccione el texto (A-J) que corresponde a cada enunciado (19-24).

Hay diez textos, incluido el ejemplo. Selecciones seis.

Marque las opciones elegidas en la **Hoja de respuestas.**

Ejemplo:

0. Tiene un árbol muy extraño.

La opción correcta es la **H.**

A B C D E F G H I J

0. ☐ ☐ ☐ ☐ ☐ ☐ ☐ ■ ☐ ☐

ENUNCIADOS		TEXTOS
0.	Tiene un árbol muy extraño.	H
19.	Se puede comprar un refresco o un bocadillo al aire libre.	
20.	Tiene un edificio de otro país.	
21.	Hay espectáculos casi todos los días.	
22.	Se puede salir de viaje desde allí.	
23.	Hay que pagar para verlo.	
24.	Se puede hacer ejercicio físico.	

PARQUES MADRILEÑOS

A. Jardín tropical de Atocha

Se encuentra en la estación del tren de alta velocidad y da la bienvenida a los pasajeros que llegan a Madrid. Es un espacio diferente, en la antigua estación ferroviaria de Atocha.

B. Jardín el Príncipe de Anglona

Está junto a la plaza de la Paja y las iglesias de San Andrés y San Francisco el Grande. Desde allí hay un agradable paseo por la calle Bailén hasta la catedral de la Almudena y el Palacio Real.

C. Parque del Retiro

En el centro de la ciudad, tiene ciento dieciocho hectáreas y es un parque vivo y feliz, especialmente los fines de semana, cuando alrededor de sus árboles se reúnen miles de personas. En el paseo del gran lago hay payasos, teatro, músicos, masajistas o vendedores ambulantes.

D. Real Jardín Botánico

Cerca del antiguo observatorio astronómico y del edificio del ministerio de Agricultura. Hay visitas guiadas los sábados a las once de la mañana (incluidas en el precio de entrada, 2 €). El mejor momento para visitarlo es el otoño.

E. Parque Juan Carlos I

Su gran extensión le permite contar con grandes esculturas al aire libre, como los *Dedos* de Mario Irarrazábal y el *Espacio México* de Andrés Casillas. También está el jardín de las Tres Culturas y un lugar muy especial para jugarcon los niños.

F. Casa de Campo

Con sus mil setecientas hectáreas, los madrileños pueden pasar el día con la familia o, sencillamente, salir a pasear. Está poblada por miles de árboles y caminos y tiene un gran lago en el que se alquilan pequeñas barcas y hay terrazas casi todo el año.

G. Parque Tierno Galván

Es conocido como el parque del Planetario, que incluye el museo de motos Ángel Nieto. Está en el pasillo verde del sur de Madrid. Tiene cuatro lagos artificiales, senderos para caminar, carril bici y zonas deportivas y de juegos infantiles.

H. Parque del Capricho

Lejos del centro, pero se puede llegar en metro. Es un jardín romántico, con fuentes, ríos y un laberinto de árboles pequeños, como el cercis, el árbol del amor por la forma de corazón de sus hojas. Solo abre los fines de semana y días de fiesta.

I. Parque de Rodríguez Sahagún

Está situado en el barrio del Pilar; también se conoce como parque de los Pinos. Es especialmente dinámico en verano por su programa de actividades culturales y de juegos.

J. Parque del Oeste

Dentro del parque se encuentra el templo de Debot, del siglo II antes de nuestra época, un regalo que el Gobierno de Egipto hizo a España. Tiene un pequeño museo y organiza visitas para estudiantes.

(Adaptado de "Madrid, la ciudad verde". *Paisajes desde el tren*. Número 205. Noviembre 2007. Pág. 60-71).

 **HORA DE FINALIZACIÓN __:___**

COMPRENSIÓN DE LECTURA

⌛ HORA DE INICIO ___:___

Instrucciones

Va a leer una biografía del psiquiatra español Luis Rojas Marcos. A continuación, conteste a las preguntas (25-30). Seleccione la opción corecta (A, B o C).

Marque las opciones elegidas en la **Hoja de respuestas.**

Luis Rojas Marcos nació en Sevilla en 1943. Fue un niño nervioso, abierto y generoso. Con talento para la música, aprendió de pequeño a tocar el piano, la guitarra y, posteriormente, la batería. Desde muy joven quiso estudiar Medicina. En 1968, a los veinticuatro años, recién terminados sus estudios de Medicina en la Universidad de Sevilla, se fue a Nueva York, donde reside desde entonces y se dedica a la medicina y la salud pública. Es doctor en Medicina por la Universidad de Bilbao y en Ciencias Médicas por la Universidad del Estado de Nueva York. En 1972, el Instituto Nacional de Salud Mental estadounidense le dio una ayuda de tres años para investigar los problemas que tienen con el lenguaje los inmigrantes. Sus estudios se publicaron en las revistas científicas más importantes de Estados Unidos.

A principios de la década de 1980 lo nombraron director de los Servicios Psiquiátricos de la red de hospitales públicos de Nueva York y en 1992 pasó a ocupar el cargo de responsable de los Servicios Municipales de Salud Mental de la ciudad. En este puesto creó los primeros programas de salud para las comunidades hispanoamericana, china, rusa y caribeña. Tres años después, el alcalde lo eligió presidente ejecutivo del Sistema de Sanidad y Hospitales Públicos de Nueva York, que incluían dieciséis hospitales municipales y una gran cantidad de centros sanitarios. Este organismo tiene más de cuarenta mil trabajadores.

Durante los seis años que dirigió este centro tuvo que vivir el 11 de septiembre y ayudar a los heridos como miembro del Consejo de Emergencias de Nueva York. Contó sus experiencias personales en la obra *Más allá del 11 de septiembre*.

"Me levanto temprano, sobre las cinco de la mañana, y voy a correr al Central Park hasta cuatro veces por semana. Llevo dieciséis años corriendo en el maratón de Nueva York y espero estar en la salida el próximo 1 de noviembre", confiesa con alegría el psiquiatra español más conocido internacionalmente.

En la actualidad, Rojas Marcos es profesor de Psiquiatría en la Universidad de Nueva York y autor de numerosos artículos de opinión y de varios libros, entre los que se encuentran *La ciudad y sus desafíos*, *La pareja rota*, *Las semillas de la violencia* y *La fuerza del optimismo*. Está casado, es padre de cuatro hijos, le encanta la música y cada vez que puede practica su deporte favorito.

(Adaptado de *Miradas al exterior*. Número 11. Julio-septiembre 2009. Pág. 64).

Preguntas

25. El texto habla de…
    A) un médico español que triunfó en Estados Unidos.
    B) un médico norteamericano famoso en España.
    C) un cardiólogo famoso en el mundo entero.

26. Actualmente, Luis Rojas Marcos…
    A) es un deportista de alta competición.
    B) escribe libros sobre Nueva York.
    C) trabaja en una universidad americana.

27. De pequeño, Luis quería ser…
    A) músico.
    B) médico.
    C) deportista.

28. En Estados Unidos, Luis trabajó como…
    A) alcalde de la ciudad.
    B) escritor de novelas.
    C) director de hospital.

29. Según el texto, a Luis le gusta mucho…
    A) ayudar a inmigrantes.
    B) escuchar música.
    C) levantarse temprano.

30. Cuando era pequeño, Luis…
    A) era un buen estudiante.
    B) actuaba en conciertos.
    C) no era muy tranquilo.

COMPRENSIÓN AUDITIVA

TAREA 1 Ejercicio 57 - Pista 21 ⊙♫

⌛ **HORA DE INICIO** ___:___

Instrucciones

Usted va a escuchar siete anuncios de radio. Los anuncios se repiten dos veces. Seleccione la opción correcta (A, B o C) para cada pregunta sobre los anuncios .
Marque las opciones seleccionadas en la **Hoja de respuestas.**

A continuación va a oír un ejemplo:

0. La oficina de información turística vende…
   A) tarjetas turísticas.
   B) entradas.
   C) recuerdos.

La opción correcta es la **A.**

     A   B   C
0. ■ □ □

Preguntas

1. Para recibir el libro, hay que…
   A) llamar por teléfono.
   B) dar datos personales.
   C) enviar una carta.

2. En este programa se va a hablar de…
   A) una receta de cocina.
   B) un restaurante famoso.
   C) productos del mercado.

3. En El Porte Irlandés, los muebles…
   A) son gratis comprando la casa.
   B) tienen los precios más bajos.
   C) se pagan en un año.

4. Si envía un mensaje, puede tener…
   A) una semana de hotel.
   B) entrada a todos los museos.
   C) los billetes de avión.

5. En muchos países, el coche Cristal 435 es…
   A) el mejor.
   B) el menor.
   C) el mayor.

6. La exposición de fotografías…
   A) es sobre la ciudad de Madrid.
   B) se puede visitar en Internet.
   C) se ve desde final de enero.

7. En Viajes El Planeta Azul…
   A) ir al fútbol cuesta veintinueve euros.
   B) se hacen reservas para cenar.
   C) se regalan visitas turísticas.

⌛ **HORA DE FINALIZACIÓN** ___:___

⌛ **HORA DE INICIO** ___:___

Instrucciones

Va a escuchar los avisos para los clientes de un hotel. Escuchará estos anuncios dos veces. Seleccione la opción correcta (A, B o C) para cada pregunta.

Marque las opciones elegidas en la **Hoja de respuestas.**

Ahora tiene 35 segundos para leer las preguntas.

Preguntas

8. El concurso de pintura rápida…
   A) termina a mediodía.
   B) es para los trabajadores de Telepatía.
   C) es por la tarde.

9. El gimnasio del hotel…
   A) está en la última planta.
   B) está cerrado por el frío.
   C) cierra a las 21:00.

10. Los trabajadores de la empresa Telepatía…
    A) están alojados en el hotel.
    B) celebran una fiesta hoy.
    C) participan en una reunión.

11. En el restaurante…
    A) hay una cena muy especial.
    B) va a celebrarse un desfile.
    C) solo se va a servir pescado.

12. En esta audición se anuncia…
    A) el teléfono para hablar con recepción.
    B) el horario para abandonar la habitación.
    C) la empresa que organiza un concurso.

13. Los clientes hospedados en el hotel pueden…
    A) reservar la cena a partir de las 20:30.
    B) dejar la habitación después de las 12:00.
    C) pedir bocadillos a cualquier hora del día.

⌛ **HORA DE FINALIZACIÓN** ___:___

COMPRENSIÓN AUDITIVA

TAREA 3 Ejercicio 59 - Pista 23 ⊙♫

⧗ HORA DE INICIO ___:___

Instrucciones

Usted va a escuchar siete mensajes. Escuchará cada mensaje dos veces. Seleccione el enunciado (A-J) que corresponde a cada mensaje (14-19).

Hay diez enunciados, incluido el ejemplo. Seleccione seis.

Marque las opciones elegidas en la **Hoja de respuestas.**

Escuche ahora el ejemplo:

Mensaje 0

La opción correcta es la **I.**

A B C D E F G H I J

0. ☐ ☐ ☐ ☐ ☐ ☐ ☐ ☐ ■ ☐

Ahora tiene 25 segundos para leer los enunciados.

ENUNCIADOS	
A.	Solo se pueden usar monedas.
B.	No se puede llamar en fin de semana.
C.	El viaje es muy rápido.
D.	Se puede alquilar.
E.	Para comer antes de viajar.
F.	Se paga con tarjeta.
G.	Tiene que volver a llamar.
H.	El avión va a salir pronto.
I.	Se puede cenar desde las siete y media.
J.	El menú cambia todos los días.

MENSAJES		ENUNCIADOS
	Mensaje 0	I
14.	Mensaje 1	
15.	Mensaje 2	
16.	Mensaje 3	
17.	Mensaje 4	
18.	Mensaje 5	
19.	Mensaje 6	

⧗ HORA DE FINALIZACIÓN ___:___

COMPRENSIÓN AUDITIVA

TAREA 4 Ejercicio 60 - Pista 24 ⊙♫

⏳ **HORA DE INICIO** ___:___

Instrucciones

Usted va a escuchar una conversación telefónica entre dos amigos. Escuchará la conversación dos veces. Lea las preguntas (20-25) y seleccione la opción correcta (A, B o C) para cada pregunta. Marque las opciones elegidas en la **Hoja de respuestas.**
Ahora tiene 35 segundos para leer las preguntas.

Preguntas

20. María acaba de llegar…
    A) del fútbol.
    B) del teatro.
    C) de cenar.

21. Juan llama a María…
    A) por la mañana.
    B) por la tarde.
    C) por la noche.

22. Juan llama a María porque tiene…

A)   B)   C)

23. María termina su trabajo…
    A) el martes.
    B) a las dos.
    C) mañana.

24. María felicita a Juan…
    A) por su reciente boda.
    B) por su buen trabajo.
    C) por su nuevo destino.

25. Juan va a Buenos Aires…
    A) la semana siguiente.
    B) el mes próximo.
    C) el año que viene.

⏳ **HORA DE FINALIZACIÓN** ___:___

COMPRENSIÓN AUDITIVA

TAREA 5 Ejercicio 61 - Pista 25 ⊙♫

⧗ **HORA DE INICIO** ___:___

Instrucciones

Usted va a escuchar a dos personas hablando sobre lo que van a hacer este fin de semana. Oirá la conversación dos veces. Seleccione la imagen (A-H) que corresponde a cada enunciado (26-30).
Hay ocho imágenes. Seleccione cinco.
Marque la opción correcta en la **Hoja de respuestas.**
Ahora tiene 15 segundos para leer los enunciados.

	ENUNCIADOS	IMÁGENES
26.	Lugar de la conversación.	
27.	Qué hace Paula este fin de semana.	
28.	Qué hace César esta tarde.	
29.	Regalo de cumpleaños de Paula.	
30.	César invita a Paula.	

A

B

C

D

E

F

G

H

⧗ **HORA DE FINALIZACIÓN** ___:___

EXPRESIÓN E INTERACCIÓN ESCRITAS

TAREA 1 Ejercicio 62

⏳ **HORA DE INICIO** ___:___

Instrucciones

Usted quiere escribir en un *blog* sobre la última fiesta de cumpleaños en la que ha estado. Hable de la fiesta y cuente con quién se encontró allí. En el mensaje debe:

- contar dónde se celebró la fiesta y quién estaba;
- describir cómo iba vestida la persona que cumplía años;
- explicar qué le regaló usted.

Número de palabras: entre 30 y 40.

El Estudiante
Mis progresos en español

JUEVES, 11 DE FEBRERO DE 2013

El cumpleaños

MI PERFIL EN FACEBOOK

VISITANTES

CONTADOR DE VISITAS

ARCHIVOS BLOG
- 2012 **(310)**
  La última novela
  Película maravillosa
  Una historia increíble
  La entrevista de trabajo
  Un día de excursión
  La publicidad
  Enfermo, en casa
  Monumento
  Lluvia y viento

Publicado por enClave-ELE en 03:44

⏳ **HORA DE FINALIZACIÓN** ___:___

EXPRESIÓN E INTERACCIÓN ESCRITAS

⌛ HORA DE INICIO ___:____

Instrucciones

Usted necesita hacer reformas en su casa. Escriba un mensaje a una empresa de servicios especializada en obras. En ella debe:

- contar cómo es su casa;
- indicar qué habitaciones va a cambiar;
- explicar qué reformas quiere hacer;
- solicitar una respuesta.

No olvide saludar y despedirse.

Número de palabras: entre 70 y 80.

A la atención de:
Obras y Reformas S.L.

1 de junio de 2013

Estimados señores:
Me pongo en contacto con ustedes para solicitar…

⌛ HORA DE FINALIZACIÓN ___:____

EXPRESIÓN E INTERACCIÓN ESCRITAS

TAREA 3 Ejercicio 64

⧖ **HORA DE INICIO** ___:___

Instrucciones

Aquí le presentamos algunos datos y fotografías del viaje de María José. Escriba su historia. Usted tiene que comentar:

– dónde fue;

– qué hizo;

– con quién fue.

Número de palabras: entre 70 y 80.

DATOS
- Motivo: vacaciones
- Destino: Cuba
- Duración: tres semanas
- Medio de transporte: avión

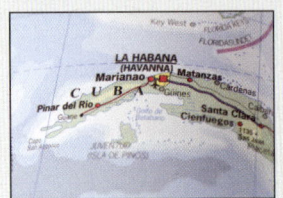

⧖ **HORA DE FINALIZACIÓN** ___:___

EXPRESIÓN E INTERACCIÓN ORALES

TAREA 1 Ejercicio 65

MONÓLOGO

Instrucciones

Usted tiene que hablar ante el entrevistador sobre LAS COMPRAS durante 3 o 4 minutos. Elija uno de los aspectos que se le proponen.

TIENDA DE BARRIO

– ¿Hay muchas tiendas de barrio cerca de su casa?
– ¿A qué hora abren estas tiendas? ¿A qué hora cierran? ¿Están abiertas todos los días?
– ¿Suele ir a alguna tienda de su barrio? ¿Por qué? ¿Qué compra allí?
– ¿Con qué frecuencia va a una tienda de barrio?
– ¿Qué prefiere una tienda de barrio o un centro comercial?
– ¿Cuándo fue la última vez que estuvo en una tienda de barrio?

CENTRO COMERCIAL

– ¿Hay muchos centros comerciales en su ciudad?
– ¿Qué encuentra en centros comerciales que no encuentra en otros lugares?
– ¿Le gusta comprar en centros comerciales? ¿Por qué?
– ¿Con qué frecuencia va a un centro comercial? ¿Qué días de la semana?
– ¿Qué prefiere un centro comercial o una tienda de barrio?
– ¿Cuándo fue la última vez que estuvo en un centro comercial? ¿Qué compró?

LAS COMPRAS

MERCADO

– ¿Hay algún mercado cerca de su casa?
– ¿Qué encuentra en el mercado que no encuentra en otros sitios?
– ¿Le gusta comprar en el mercado? ¿Por qué?
– ¿Con qué frecuencia va usted al mercado?
– ¿Qué prefiere ir al mercado o a un supermercado?
– ¿Cuándo fue al mercado por última vez? ¿Qué compró?

SUPERMERCADO

– ¿Hay muchos supermercados en su barrio? ¿Cuál le gusta más?
– ¿Cuál es el horario del supermercado? ¿Abre todos los días?
– ¿Le gusta comprar en el supermercado? ¿Por qué?
– ¿Con qué frecuencia va al supermercado?
– ¿Qué prefiere ir al mercado o al supermercado?
– ¿Cuándo fue al supermercado por última vez? ¿Qué compró? ¿Cuánto pagó?

TIENDAS DE MODA

– ¿Hay muchas tiendas de moda en su ciudad? ¿De qué marcas? ¿Qué venden?
– ¿Cuál es su tienda de moda preferida? ¿Dónde está?
– ¿Le gusta ver tiendas de moda? ¿Le gusta comprar en ellas?
– ¿Con qué frecuencia va a las tiendas de moda? ¿Compra a menudo?
– ¿Cuándo fue a una tienda de moda por última vez? ¿Qué buscaba? ¿Lo encontró?

Instrucciones

Usted tiene que hablar ante el entrevistador sobre LAS VACACIONES durante 3 o 4 minutos. Elija uno de los aspectos que se le proponen.

PRÓXIMAS VACACIONES

– ¿Dónde quiere ir de vacaciones?

– ¿Qué hay en ese lugar?

– ¿Con quién va a ir de vacaciones?

– ¿Qué le gustaría hacer durante las vacaciones?

– ¿Qué medio de transporte va a utilizar?

– ¿En qué época del año va a tener vacaciones?

– ¿Dónde va a alojarse durante sus próximas vacaciones?

VACACIONES EN LA INFANCIA

– ¿Dónde pasaba sus vacaciones cuando era pequeño? ¿Dónde se alojaba?

– ¿Qué había en ese lugar? ¿Ha cambiado desde entonces?

– ¿Con quién pasaba sus vacaciones en la infancia?

– ¿Qué hacía durante los días de vacaciones?

– ¿Cómo eran sus amigos? ¿Qué hacía con ellos?

– ¿Cuánto tiempo tenía de vacaciones? ¿Cuándo empezaban y cuándo terminaban?

– ¿En qué medio de transporte iba de vacaciones?

LAS VACACIONES

LAS MEJORES VACACIONES

– ¿Cuáles fueron sus mejores vacaciones? ¿Por qué?

– ¿Dónde estuvo? ¿Cómo era el lugar?

– ¿Con quién fue? ¿Por qué fueron a ese lugar?

– ¿Qué hizo durante las vacaciones?

– ¿Dónde se quedó? ¿Qué medio de transporte utilizó en aquellas vacaciones?

– ¿Qué fue lo mejor de esas vacaciones?

– ¿Cuánto tiempo estuvo? ¿Hubo algo malo?

ÚLTIMAS VACACIONES

– ¿Dónde estuvo en sus últimas vacaciones? ¿Por qué eligió este lugar?

– ¿Cómo era el lugar donde estuvo?

– ¿Con quién estuvo?

– ¿Dónde se alojó? ¿Por qué?

– ¿Qué hizo aquellos días?

– ¿Qué medio de transporte utilizó? ¿Por qué?

– ¿Cuánto tiempo estuvo de vacaciones? ¿En qué época del año?

MIS VACACIONES

– ¿Dónde le gusta ir de vacaciones? ¿Suele ir al extranjero o se queda en su país?

– ¿Va siempre al mismo lugar a pasar sus vacaciones? ¿Por qué?

– ¿Qué hace durante las vacaciones? ¿Tiene aficiones que practica solo durante las vacaciones? ¿Lee algún libro?

– ¿Con quién va de vacaciones? ¿Por qué?

– ¿A qué hora se levanta? ¿A qué hora se acuesta? ¿Cambia sus horarios habituales?

– ¿En qué medio de transporte suele ir de vacaciones?

EXPRESIÓN E INTERACCIÓN ORALES

DESCRIPCIÓN DE UNA IMAGEN

Instrucciones

Describa la imagen: el lugar, las personas, los objetos y las acciones.

Debe hablar sobre las características físicas de las personas y sobre su ropa o sobre las cosas que llevan.

Usted debe hablar durante 2 o 3 minutos.

EXPRESIÓN E INTERACCIÓN ORALES

DIÁLOGO CON EL ENTREVISTADOR

Instrucciones

Usted debe imaginar que está en una agencia inmobiliaria buscando un piso para alquilar. Tiene que hablar con el vendedor que le atiende y pedirle información sobre las características del piso (número de habitaciones, precio, etc.). El entrevistador es el vendedor.

Modelo de conversación

1. Inicio

ENTREVISTADOR: SALUDO

–Hola, buenos días / buenas tardes.

CANDIDATO: SALUDO

–Hola, buenos días / buenas tardes.

ENTREVISTADOR: MOTIVO LLAMADA

–¿Qué desea?

CANDIDATO:

–Quiero alquilar un piso…

2. Fase de desarrollo

ENTREVISTADOR: INFORMACIÓN

–¿En qué zona de la ciudad lo desea?

CANDIDATO:

–En…

ENTREVISTADOR:

–¿Cuántas habitaciones necesita?

CANDIDATO:

–Tres dormitorios y un salón…

EXAMINADOR: CONDICIONES

–¿Cuánto dinero puede pagar al mes?

CANDIDATO:

–Aproximadamente unos…

ENTREVISTADOR:

–Con estas características y por ese precio, tengo un segundo piso, sin ascensor, en una zona muy bien comunicada. Si quiere, podemos visitarlo mañana a las 11. Podemos quedar aquí.

CANDIDATO:

–Muy bien, mañana estaré aquí.

3. Despedida y cierre

ENTREVISTADOR:

–Hasta mañana.

CANDIDATO:

–Hasta mañana.

EXPRESIÓN E INTERACCIÓN ORALES

CONVERSACIÓN CON EL ENTREVISTADOR

Instrucciones

Usted deberá conversar con el entrevistador durante 3 o 4 minutos siguiendo la información que hay en su ficha.

FICHA A: ENTREVISTADOR
Usted quiere salir a pasear con un amigo. Para él, es mejor salir cuando hace sol, pero a usted le gusta más salir cuando llueve. Debe: 1. Decir a su amigo que le gusta salir cuando llueve. 2. Explicar por qué prefiere la lluvia.

 LLUVIA
– Aire limpio.
– Temperatura fresca.
– Es romántico.

 SOL
– Hace mucho calor.
– Hay demasiada luz.
– Cansancio al caminar.

3. Llegar a un acuerdo con su amigo.

FICHA B: CANDIDATO
Usted quiere salir a pasear con un amigo. Para él, es mejor salir cuando llueve, pero a usted le gusta más salir cuando hace sol. Debe: 1. Decir a su amigo que le gusta salir cuando hace sol. 2. Explicar por qué prefiere salir cuando hace sol.

 SOL
– Es más alegre.
– Se pueden hacer más cosas.
– Hace buen tiempo.

 LLUVIA
– Es incómodo.
– Peligro de accidente y de enfermedad.
– Hay que llevar paraguas.

3. Llegar a un acuerdo con su amigo.

COMPRENSIÓN DE LECTURA

⌛ **HORA DE INICIO** ___:___

Instrucciones

Lea los siete enunciados y los diez textos. Seleccione el texto (A-J) que corresponde a cada enunciado (1-7).

Hay once textos, incluido el ejemplo. Seleccione siete.

Marque las opciones elegidas en la **Hoja de respuestas**.

Ejemplo:

TEXTO K

Esta semana, si compra un kilo de naranjas, le regalamos otro

La opción correcta es la **K.**

A B C D E F G H I J K
0. ☐ ☐ ☐ ☐ ☐ ☐ ☐ ☐ ☐ ☐ ■

ENUNCIADOS		TEXTOS
0.	Ahora la fruta es más barata.	K
1.	Se añade a las comidas.	
2.	Perdió la conexión.	
3.	La comida cambia cada día.	
4.	Es mejor estar lejos.	
5.	Hay que subir andando.	
6.	Lo que se debe hacer si está enfermo.	
7.	Está abierto muchas horas.	

TEXTO A

Gimnasio FID.
Facilidades de pago,
amplios horarios, matrícula gratuita.
Si te apuntas tres meses,
te regalamos otro
(oferta válida
para inscripciones en enero).

TEXTO B

Todos los días
un menú diferente
para comer.
Para cenar los sábados también abrimos
(cenas de grupos, cumpleaños familiares…).

C/ Segura n.º 3. Jávea.

TEXTO C

En caso de necesitar
una cita con su médico,
llame al 192 o
a su centro de salud más cercano.
Más información en
www.gripea.madrid.org

TEXTO D

Vendo piso
en esta zona.
Segunda planta, sin ascensor.
Muy económico.
Venta rápida.
678 337 654.

TEXTO E

Ideal para tomar

con todo tipo de carnes,

pescados, mariscos

o ensaladas clásicas.

TEXTO F

No poner al sol a los niños menores

de dos años, utilizar ropa adecuada y

crema en brazos, piernas y cara.

TEXTO G

No se puede mostrar
la página web.

Posibles causas:
no está conectado a Internet,
hay un problema con la página
o la dirección no está bien escrita.

TEXTO H

Las entradas
se ponen a la venta
el próximo sábado.
Las taquillas
van a permanecer abiertas
desde las 10:00 de la mañana.

TEXTO I

Únete a nuestra asociación
y vas a ser el primero
en recibir información
sobre las ofertas especiales
en más de cien tiendas
especializadas.

TEXTO J

La pared está

recién pintada.

No se acerque.

⌛ **HORA DE FINALIZACIÓN ___:___**

COMPRENSIÓN DE LECTURA

TAREA 2 Ejercicio 70

⏳ HORA DE INICIO ___:___

Instrucciones

Lea el correo electrónico que Úrsula le ha escrito a una escuela de español en Madrid.

A continuación, responda a las preguntas (8-12). Elija la respuesta correcta (A, B o C).

Marque las opciones elegidas en la **Hoja de respuestas.**

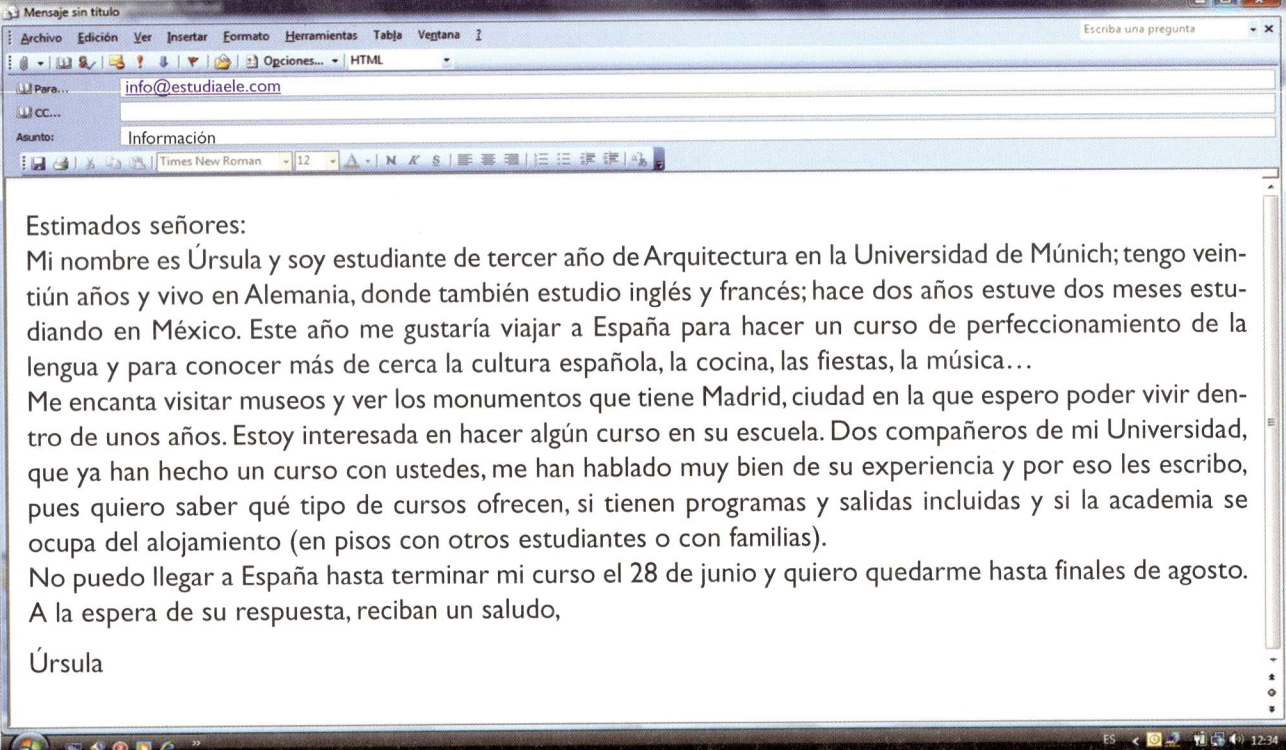

Para... info@estudiaele.com

CC...

Asunto: Información

Estimados señores:

Mi nombre es Úrsula y soy estudiante de tercer año de Arquitectura en la Universidad de Múnich; tengo veintiún años y vivo en Alemania, donde también estudio inglés y francés; hace dos años estuve dos meses estudiando en México. Este año me gustaría viajar a España para hacer un curso de perfeccionamiento de la lengua y para conocer más de cerca la cultura española, la cocina, las fiestas, la música…

Me encanta visitar museos y ver los monumentos que tiene Madrid, ciudad en la que espero poder vivir dentro de unos años. Estoy interesada en hacer algún curso en su escuela. Dos compañeros de mi Universidad, que ya han hecho un curso con ustedes, me han hablado muy bien de su experiencia y por eso les escribo, pues quiero saber qué tipo de cursos ofrecen, si tienen programas y salidas incluidas y si la academia se ocupa del alojamiento (en pisos con otros estudiantes o con familias).

No puedo llegar a España hasta terminar mi curso el 28 de junio y quiero quedarme hasta finales de agosto.

A la espera de su respuesta, reciban un saludo,

Úrsula

Preguntas

8. Úrsula escribe para…
   A) buscar alojamiento en Madrid.
   B) pedir información sobre cursos.
   C) preguntar el precio de actividades.

9. En esta escuela…
   A) estudió Úrsula hace algunos años.
   B) tienen visitas culturales a museos.
   C) han estudiado dos amigos de Úrsula.

10. A Úrsula le gusta vivir…
    A) en Madrid.
    B) en Múnich.
    C) en México.

11. Úrsula quiere empezar el curso…
    A) antes del 28 de junio.
    B) a finales de agosto.
    C) a principios de julio.

12. Úrsula ha estudiado…
    A) Arquitectura.
    B) en México.
    C) cultura española.

⏳ HORA DE FINALIZACIÓN ___:___

COMPRENSIÓN DE LECTURA

⏳ HORA DE INICIO ___:____

Instrucciones

Usted va a leer seis anuncios. A continuación responda a las preguntas (13-18). Seleccione la opción correcta (A, B o C).

Marque las opciones elegidas en la **Hoja de respuestas.**

Ejemplo:

TEXTO 0

Llame al 670 35 12 70. Horario de atención telefónica: de lunes a viernes, de 9:00 a 20:00. En una semana le entregamos los productos que nos ha pedido.

0. En este servicio de atención telefónica…
   A) contestan antes de una semana.
   B) puede pedir información de horarios.
   C) no trabajan los fines de semana.

La opción correcta es la **C.**

   A B C

0. ☐ ☐ ■

TEXTO 1

TEXTO 2

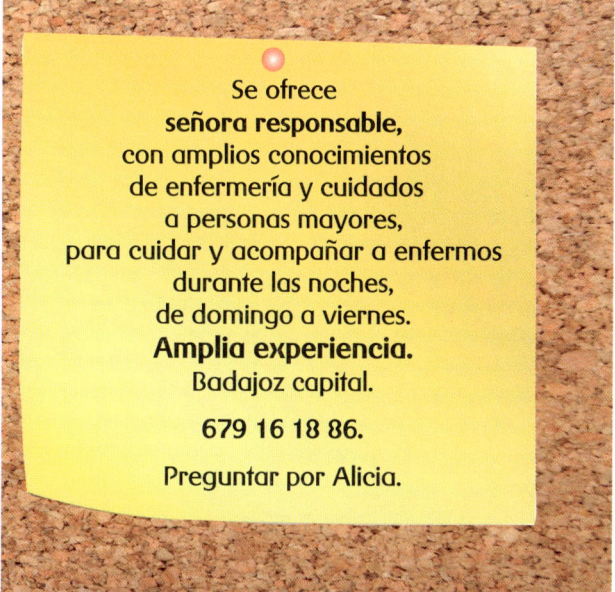

En Boca a boca, en pleno centro de Madrid, vas a encontrar gastronomía variada y buena música. Todos los viernes se celebra la *Noche de las tapas*, donde puedes probar más de quince sabores diferentes, entre ellos carnes, pescados y verduras. Boca a boca, c/ Juan Jorge, 29. Madrid. Abierto de lunes a sábado de 9:00 a 2:00.
Precio del menú: 10 euros.

Se ofrece **señora responsable,** con amplios conocimientos de enfermería y cuidados a personas mayores, para cuidar y acompañar a enfermos durante las noches, de domingo a viernes. **Amplia experiencia.** Badajoz capital.

679 16 18 86.

Preguntar por Alicia.

13. En este restaurante…
    A) los fines de semana hay cena especial.
    B) las tapas se sirven a mediodía.
    C) hay diferentes tipos de comida.

14. Alicia hace su trabajo…
    A) en una sola ciudad.
    B) todas las noches.
    C) con personas de todas las edades.

TEXTO 3

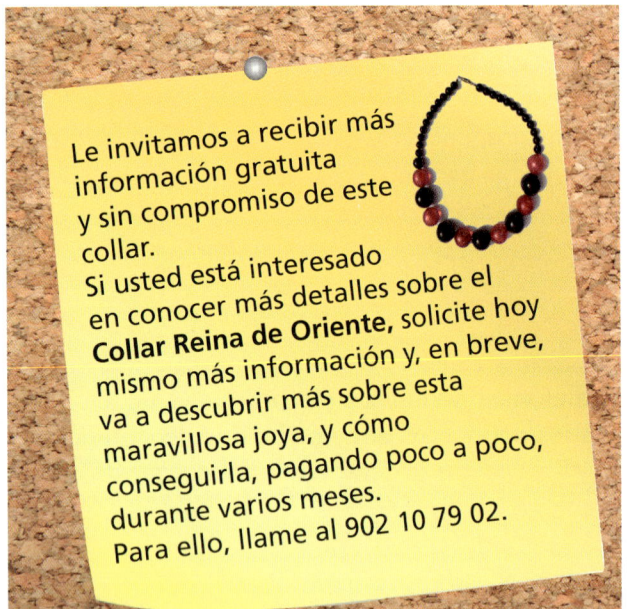

Le invitamos a recibir más información gratuita y sin compromiso de este collar.
Si usted está interesado en conocer más detalles sobre el **Collar Reina de Oriente,** solicite hoy mismo más información y, en breve, va a descubrir más sobre esta maravillosa joya, y cómo conseguirla, pagando poco a poco, durante varios meses.
Para ello, llame al 902 10 79 02.

15. En este anuncio…
   A) se puede pedir información solo hoy.
   B) se informa de un producto femenino.
   C) si pide información, le regalan un collar.

TEXTO 4

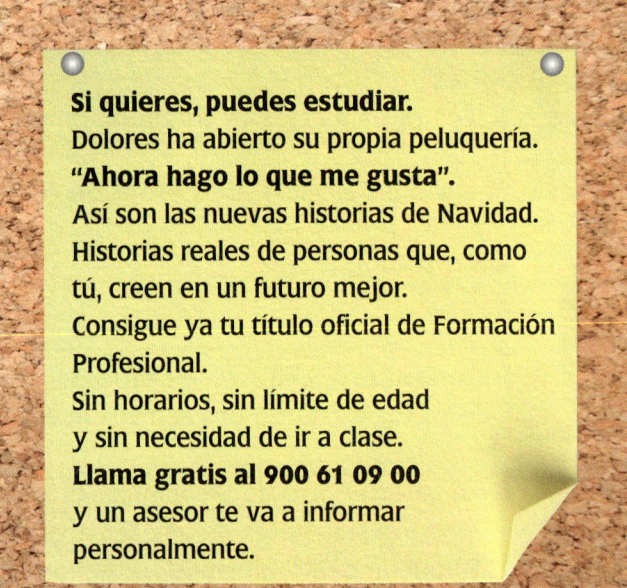

Si quieres, puedes estudiar.
Dolores ha abierto su propia peluquería.
"Ahora hago lo que me gusta".
Así son las nuevas historias de Navidad.
Historias reales de personas que, como tú, creen en un futuro mejor.
Consigue ya tu título oficial de Formación Profesional.
Sin horarios, sin límite de edad y sin necesidad de ir a clase.
Llama gratis al 900 61 09 00 y un asesor te va a informar personalmente.

16. En este anuncio se habla de un curso que…
   A) puede estudiarse desde casa.
   B) es fácil de aprobar.
   C) es solo para personas jóvenes.

TEXTO 5

El 3 de diciembre llega al Teatro de Madrid *Blancanieves,* un musical para toda la familia, con veinticinco actores que cantan diecisiete historias para saber lo que le pasó a Blancanieves.
Teatro de Madrid.
Avda. de la Ilustración, s/n.
De martes a jueves, 20:00 horas; viernes, 19:00 horas; sábados, 17:00 y 20:00 horas; y domingo, a las 18:00.
Precio desde 12 euros.
Entradas en taquilla, tfno. 902 88 87 88
y www.entradas.com

17. En este espectáculo…
   A) todas las entradas cuestan lo mismo.
   B) las historias se hacen con canciones.
   C) los niños son los protagonistas.

TEXTO 6

Prepara tu cuerpo y tu mente para las fiestas en el Balneario de Mondariz, un edificio de 1874 en el Valle del Tea.
Para el fin de semana de la Constitución han preparado tres noches de alojamiento en habitación doble con desayuno desde 210 euros por persona.
Si prefieres ir en Navidad, por 271 euros por persona puedes disfrutar de dos noches en habitación doble con desayuno, y una entrada al Palacio del Agua.

18. En esta oferta de hotel…
   A) la habitación cuesta más de 400 € por noche.
   B) el precio incluye varias comidas y cenas.
   C) en total son cinco noches de alojamiento.

 HORA DE FINALIZACIÓN ___:___

⧗ HORA DE INICIO ___:___

Instrucciones

Lea los siete enunciados y los diez textos de esta guía de restaurantes. A continuación, seleccione el texto (A-J) que corresponde a cada enunciado (19-24).
Hay diez textos, incluido el ejemplo. Seleccione seis.
Marque las opciones elegidas en la **Hoja de respuestas.**

Ejemplo:

0. Es un edificio nuevo.

La opción correcta es la **J.**

   A B C D E F G H I J

0. □ □ □ □ □ □ □ □ □ ■

	ENUNCIADOS	TEXTOS
0.	Es un edificio nuevo.	J
19.	La comida que se sirve es abundante.	
20.	Tiene más de dos comedores.	
21.	No sirve comidas el 21 de julio.	
22.	Se paga diferente, según el comedor.	
23.	Es el más caro.	
24.	No abre el martes por la noche.	

GUÍA DE RESTAURANTES

A. La Cueva de Doña Isabela
Esta casa grande y vieja, bien rehabilitada, vio la luz como restaurante en 1998, especializado en cocina de mercado. Ofrece menú del día de lunes a viernes. Precio medio, 25 €.

B. Palacios
Restaurante del hotel formado por dos comedores de diferente categoría, aunque los dos comparten la misma cocina tradicional riojana. La diferencia está en las posibilidades de elección y, lógicamente, en los precios. Precio medio, 24 €.

C. El rincón de Emilio
No sirve cenas los martes y cierra en febrero. Cocina casera riojana y excelente vino. Precio medio, 30 €.

D. Picabea
Cierra lunes y domingo noche. Cocina de base riojana con influencias del norte. Especialidad en pescados. Precio medio, 25 €.

E. Mesón el Puente
Sencillo establecimiento frecuentado por personas que prefieren grandes cantidades y platos caseros. Patatas a la riojana, chuletillas de cordero… Ofrece menú del día. Precio medio, 15 €.

F. La taberna de la Cuarta Esquina
Cierra martes a mediodía y segunda quincena de julio. Cocina riojana y buenos pescados en un ambiente muy agradable. Precio medio, 30 €.

G. La vieja bodega
Instalado en una bodega del siglo XVII, con varios comedores en los que se ha respetado la estructura original. Algunas de las delicias que se proponen son: pimientos rellenos, cordero asado o solomillo de pato. Precio medio, 30 €.

H. Echuarren
Cierra noviembre. Distinguido con importantes premios gastronómicos, se ha dividido en dos comedores, uno clásico y otro moderno. Magnífica relación calidad precio en sus platos de cocina tradicional. Precio medio, 45 €.

I. El muro
Menú típico riojano, además de pinchos y tapas. Especialidad en bacalao a la riojana y champiñones con jamón. Precio medio, 18 €.

J. El Mono
Situado en el primer piso de un edificio de reciente construcción. Cocina tradicional riojana. Carta y menú del día. Precio medio, 25 €.

HORA DE FINALIZACIÓN ___:___

COMPRENSIÓN DE LECTURA

⌛ HORA DE INICIO ___:___

Instrucciones

Va a leer la biografía de la escultora Cristina Iglesias. A continuación, conteste a las preguntas (25-30). Seleccione la opción correcta (A, B o C).

Marque las opciones elegidas en la **Hoja de respuestas.**

Premio Nacional de Artes Plásticas en el año 2000, la obra de Cristina Iglesias está presente en colecciones y museos de todo el mundo. Ha sido catedrática en la Escuela de Bellas Artes de Múnich; ha expuesto en los grandes museos, galerías y bienales de arte, y esta temporada ha reaparecido en España, después de nueve años de silencio, con varias exposiciones en Madrid y, sobre todo, con la puerta que ha diseñado para el Museo del Prado. El éxito ha sido absoluto. "Mucha gente me ha dicho cosas muy hermosas, que me han emocionado", comenta semanas después de la presentación del proyecto de la puerta a los medios de comunicación.

En la cocina de su casa de Torrelodones (Madrid), Cristina Iglesias es la otra cara del espejo público de la escultora. Vestida de negro, morena, delgada, de grandes ojos oscuros, habla de su obra con reflexión y tranquilidad. "Quiero ver a la gente, ver mis obras con alegría, vivirlas". Sus obras, tan difíciles de comprender a veces, invitan al sueño.

Cristina es la tercera de cinco hermanos, todos artistas. Una característica de la familia. El mayor, Eduardo, es escritor (ha publicado varias novelas y algunos libros de viaje); Alberto es compositor y ha compuesto muchas de las músicas que escuchamos en las películas de Julio Medem o Pedro Almodóvar; Lourdes, su única hermana, es guionista de cine y televisión y escritora, como el hermano mayor; José Luis, el menor, murió hace unos años y se dedicaba al mundo del cine.

A Cristina le costó decidirse por el arte; pensó estudiar Arquitectura, pero también le gustaba la ciencia; por eso estudió dos años de Química. Sin embargo, la vida de un químico no le gustó, por lo que estudió dibujo y cerámica en Barcelona y viajó a Londres para estudiar Bellas Artes, donde eligió definitivamente la escultura.

Más tarde, ya en España, conoció a Juan Muñoz, el escultor joven más importante de España, con quien se casó unos años después. Las fotografías de sus dos hijos, Lucía y Diego (de diecisiete y once años, respectivamente) se encuentran en las estanterías cubiertas de libros. La mesa de su estudio, abierta a un jardín verde, está llena de dibujos y de imágenes que pinta antes de convertirlas en esculturas. En las mesas que tiene en su casa crea, inventa y trabaja con sus ayudantes, Julián López y Rubén Polanco, para crear obras como el *Paisaje suspendido* que hizo para el Centro de Convenciones de Barcelona en 2004.

(Adaptado de *El país semanal*. Número 1592. Abril 2007. Pág. 46-55).

Preguntas

25. El texto trata de…
    A) una familia de músicos.
    B) una escritora española.
    C) la vida de una artista.

26. Según el texto…
    A) Cristina trabaja en el Museo del Prado.
    B) Cristina recibió un premio importante.
    C) las obras de Cristina provocan sueño.

27. Cristina conoció a su marido…
    A) después de estudiar en Londres.
    B) en el Museo de Bellas Artes.
    C) cuando vivía en Barcelona.

28. Antes de dedicarse a la escultura, Cristina…
    A) estudió otras técnicas artísticas.
    B) trabajó en una empresa química.
    C) se casó y tuvo a su primer hijo.

29. Según el texto,…
    A) todos sus hermanos han hecho películas.
    B) al hermano mayor le gusta el cine de Medem.
    C) Cristina y Juan tienen la misma profesión.

30. En este momento, Cristina Iglesias…
    A) trabaja en un jardín.
    B) trabaja con un equipo.
    C) se dedica a la cocina.

COMPRENSIÓN AUDITIVA

TAREA 1 Ejercicio 74 - Pista 26 ⊙♫

⌛ **HORA DE INICIO** ___:___

Instrucciones

Usted va a escuchar siete anuncios de radio. Los anuncios se repiten dos veces. Seleccione la opción correcta (A, B o C) para cada pregunta sobre los anuncios.

Marque las opciones seleccionadas en la **Hoja de respuestas.**

A continuación va a oír un ejemplo:

0. La Casa de la Moneda abre todos los días...
    A) hasta las 5:30 de la tarde.
    B) desde las 10:00.
    C) incluido el día de Navidad.

La opción correcta es la **B.**

 A B C

0. ☐ ■ ☐

1. El zumo Fruitis bebé...
    A) ahorra un diez por ciento.
    B) no contiene azúcares.
    C) es una bebida infantil.

2. Con el Plan Tiempo Libre se puede hablar sin gastos añadidos...
    A) trescientos minutos al mes.
    B) todas las mañanas.
    C) los fines de semana del año.

3. El jabón Piel Sana se vende...
    A) por teléfono.
    B) en farmacias.
    C) en trece países.

4. Esta colección...
    A) se puede comprar pieza a pieza.
    B) tiene dibujos y pinturas muy caros.
    C) es de monedas y billetes usados.

5. Para pasar bien estos días, se debe...
    A) ser prudente con el coche.
    B) conducir lento.
    C) beber despacio.

6. Las entradas del concierto se pueden comprar...
    A) solo por las mañanas.
    B) hasta el sábado.
    C) por teléfono.

7. El piso de este anuncio...
    A) tiene ascensor, garaje y calefacción.
    B) está cerca de una parada de autobús.
    C) está céntrico, pero no tiene calefacción.

⌛ **HORA DE FINALIZACIÓN** ___:___

COMPRENSIÓN AUDITIVA   **TAREA 2** Ejercicio 75 - Pista 27 ⊙♫

⌛ **HORA DE INICIO** ___:___

Instrucciones

Va a escuchar un programa informativo de radio. Escuchará el programa dos veces. Seleccione la opción correcta (A, B o C) para cada pregunta.

Marque las opciones elegidas en la **Hoja de respuestas.**

Ahora tiene 35 segundos para leer las preguntas.

Preguntas

8. Esta información habla de un restaurante…
    A) que acaba de inaugurarse.
    B) barato y muy popular.
    C) de comida tradicional.

9. En El rincón de Julio, los menús cambian…
    A) cada día.
    B) cada semana.
    C) a menudo.

10. En este restaurante, se sirven menús especiales…
    A) a diario.
    B) los sábados.
    C) hasta las dos.

11. Los huevos rotos con jamón…
    A) solo se sirven a mediodía.
    B) son el plato preferido de los clientes.
    C) se ofrecen en el menú especial.

12. El rincón de Julio…
    A) no abre los domingos.
    B) no sirve desayunos.
    C) no celebra cumpleaños.

13. En este restaurante…
    A) hay dos salones y una terraza.
    B) no hay terraza.
    C) pueden comer de dieciocho a veinte personas.

⌛ **HORA DE FINALIZACIÓN** ___:___

COMPRENSIÓN AUDITIVA

TAREA 3 Ejercicio 76 - Pista 28 ⊙♫

⌛ **HORA DE INICIO** ___:____

Instrucciones

Usted va a escuchar siete mensajes. Escuchará cada mensaje dos veces. Seleccione el enunciado (A-J) que corresponde a cada mensaje (14-19).

Hay diez enunciados, incluido el ejemplo. Seleccione seis.

Marque las opciones elegidas en la **Hoja de respuestas.**

Escuche ahora el ejemplo:

Mensaje 0

La opción correcta es la **D.**

A B C D E F G H I J

0. ☐ ☐ ☐ ■ ☐ ☐ ☐ ☐ ☐ ☐

Ahora tiene 25 segundos para leer los enunciados.

ENUNCIADOS	
A.	No trabaja los fines de semana.
B.	Solo se puede llegar en bicicleta.
C.	Animales gratis.
D.	Una película sobre el pasado.
E.	Cartas y postales de todos los países.
F.	Se puede reservar mesa.
G.	Se puede comprar por Internet.
H.	Es mejor ir andando.
I.	Se venden muy baratos.
J.	No trabaja por las mañanas.

	MENSAJES	ENUNCIADOS
	Mensaje 0	D
14.	Mensaje 1	
15.	Mensaje 2	
16.	Mensaje 3	
17.	Mensaje 4	
18.	Mensaje 5	
19.	Mensaje 6	

⌛ **HORA DE FINALIZACIÓN** ___:____

COMPRENSIÓN AUDITIVA

TAREA 4 Ejercicio 77 - Pista 29 ⊙♫

⧗ HORA DE INICIO ___:___

Instrucciones

Usted va a escuchar una conversación entre dos amigos. Escuchará la conversación dos veces. Lea las preguntas (20-25) y seleccione la opción correcta (A, B o C) para cada pregunta.

Marque las opciones elegidas en la **Hoja de respuestas.**

Ahora tiene 35 segundos para leer las preguntas.

Preguntas

20. Por la tarde, Estela…

A)

B)

C)

21. Estela fue al concierto…
   A) sola.
   B) con Ana.
   C) con amigos.

22. El sábado próximo, Alberto…
   A) sale a cenar con Estela.
   B) tiene que trabajar.
   C) va al teatro con amigos.

23. Estela no sabe…
   A) qué obra de teatro va a ver.
   B) dónde es la obra de teatro.
   C) a qué hora es el teatro.

24. Alberto, el día anterior…
   A) no trabajó.
   B) viajó en avión.
   C) estaba enfermo.

25. Alberto llegó a casa…
   A) a las 18:00.
   B) a las 20:30.
   C) a las 21:00.

⧗ HORA DE FINALIZACIÓN ___:___

TAREA 5 Ejercicio 78 - Pista 30 ⊙♫

⏳ **HORA DE INICIO** ___:____

Instrucciones

Usted va a escuchar a dos personas hablando sobre lo que han hecho esta semana. Oirá la conversación dos veces. Seleccione la imagen (A-H) que corresponde a cada enunciado (26-30). Hay ocho imágenes. Seleccione cinco.

Marque la opción correcta en la **Hoja de respuestas.**

Ahora tiene 15 segundos para leer los enunciados.

	ENUNCIADOS	IMÁGENES
26.	Lugar de la conversación.	
27.	La noche anterior de Carmen.	
28.	La noche anterior de Mateo.	
29.	Esta tarde de Carmen.	
30.	Respuesta de Mateo a Jesús.	

A

B

C

D

E

F

G

H

⏳ **HORA DE FINALIZACIÓN** ___:____

EXPRESIÓN E INTERACCIÓN ESCRITAS

TAREA 1 Ejercicio 79

⏳ HORA DE INICIO ___:___

Instrucciones

Usted quiere participar en el foro *Mis platos favoritos*, de la página web Parachuparselosdedos.com. Lea la información de la página y escriba un mensaje en el foro. En el mensaje debe:

– describir qué ingredientes tiene el plato y cómo se cocina;
– contar de dónde es típico y en qué época se suele comer;
– explicar dónde lo comió y con quién estaba.

Número de palabras: entre 30 y 40.

Parachuparselosdedos.com

| Inicio | Anuncios | Foros | Platos | Recetas | Ingredientes |

FORO - MIS PLATOS FAVORITOS

Una comida especial, un plato típico de una región, un secreto de cocina que existe en tu familia, una receta que te encanta comer o preparar para tus amigos…
Participa en nuestro foro para contarnos cuál es tu comida favorita, qué ingredientes tiene, quién te la enseñó, dónde la probaste por primera vez, cuándo la has cocinado…

Mostrar últimos mensajes		Ordenar por:	

Título	Autor	Fecha	Respuestas
✉ Gazpacho	José Luis	30/04/2013	6
✉ Bacalao a la riojana	Estefanía	21/06/2013	2
✉ Paella	Ignacio	12/03/2013	5

 Nuevo mensaje

⏳ HORA DE FINALIZACIÓN ___:___

EXPRESIÓN E INTERACCIÓN ESCRITAS

TAREA 2 Ejercicio 80

⏳ **HORA DE INICIO** ___:___

Instrucciones

Usted ha conocido a una persona por Internet. Escriba un correo electrónico contándole cómo ha sido su vida hasta ahora. En esta biografía debe:

- contarle algunos hechos importantes en su vida;
- explicarle en qué lugares (casa, ciudades, países) ha vivido;
- decirle qué estudios ha hecho o qué trabajos ha realizado.

No olvide saludar y despedirse.

Número de palabras: entre 70 y 80.

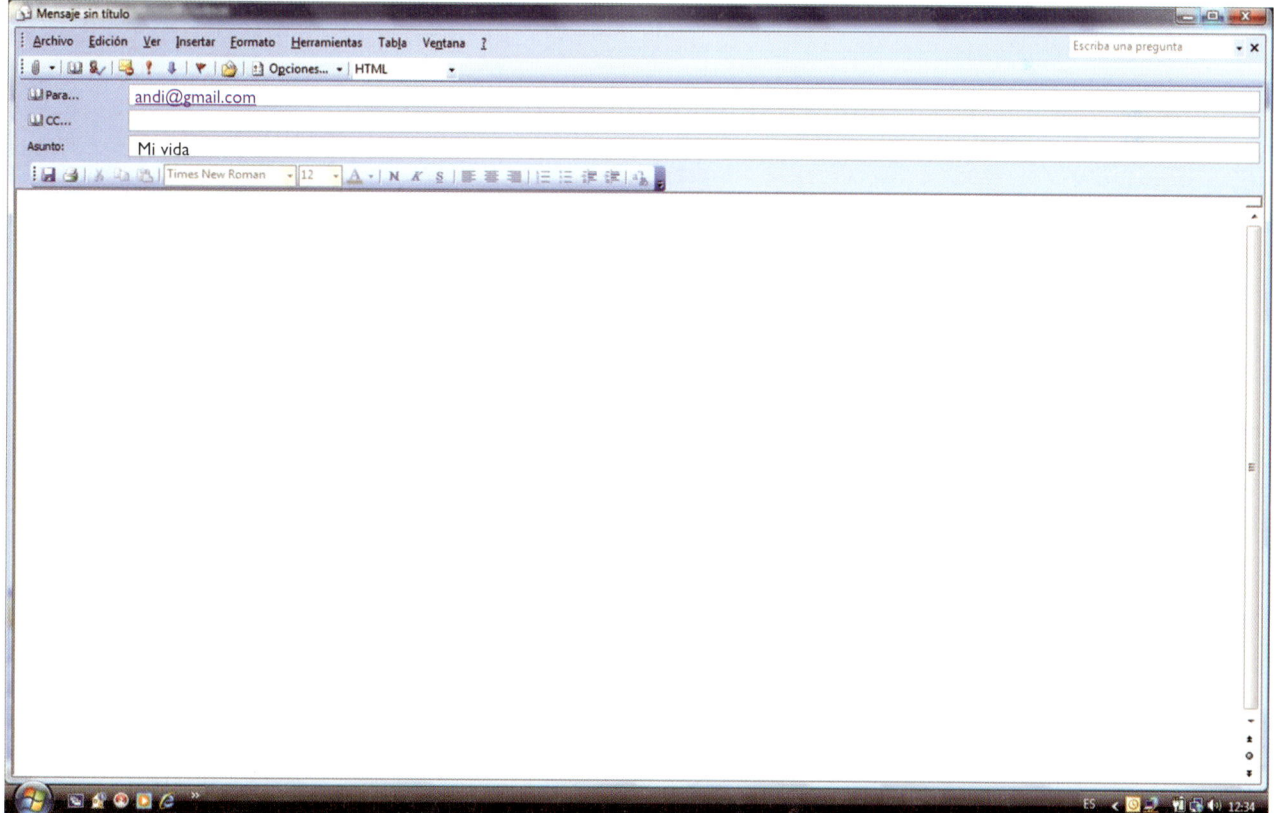

⏳ **HORA DE FINALIZACIÓN** ___:___

EXPRESIÓN E INTERACCIÓN ESCRITAS

TAREA 3 Ejercicio 81

⏳ **HORA DE INICIO** ___:___

Instrucciones

Aquí le presentamos algunos datos y fotografías de la jornada de Sebastián Fernández. Escriba sus actividades del día. Usted tiene que comentar:

– qué ha hecho;

– dónde ha estado;

– a quién ha visto.

Número de palabras: entre 70 y 80.

DATOS

• Nombre y apellidos: Sebastián Fernández Torres

• Edad: 32 años

• Profesión: periodista

• Estado civil: casado, con dos hijos

⏳ **HORA DE FINALIZACIÓN** ___:___

EXPRESIÓN E INTERACCIÓN ORALES

TAREA 1 Ejercicio 82

MONÓLOGO

Instrucciones

Usted tiene que hablar ante el entrevistador sobre LOS MEDIOS DE COMUNICACIÓN durante 3 o 4 minutos. Elija uno de los aspectos que se le proponen.

PERIÓDICOS

– ¿Lee el periódico? ¿Qué periódico lee? ¿Lo lee en papel o en Internet?
– ¿Qué secciones del periódico le gustan más? ¿Por qué?
– ¿Con qué frecuencia compra el periódico? ¿Dónde lo compra?
– ¿A qué hora lee el periódico? ¿Dónde lo lee?
– ¿Cuánto cuesta un periódico en su país?
– ¿Qué noticia ha leído en los últimos días que le ha gustado o interesado más?

TELEVISIÓN

– ¿Le gusta la televisión? ¿Por qué?
– ¿Qué programas de televisión le gustan más? ¿Qué tipo de programas no le gustan?
– ¿Con qué frecuencia ve la televisión? ¿A qué hora la ve? ¿Con quién?
– ¿Cuántos canales de televisión hay en su país? ¿Cuántos puede ver en su casa?
– ¿Qué prefiere para estar informado leer el periódico, ver la televisión o escuchar la radio?
– ¿Qué programa de televisión o serie ha visto en los últimos días que le ha gustado o interesado más?

LOS MEDIOS DE COMUNICACIÓN

RADIO

– ¿Le gusta la radio? ¿Por qué?
– ¿Qué tipo de programas escucha? ¿Qué temas tratan estos programas? ¿Qué no le gusta escuchar en la radio?
– ¿Con qué frecuencia suele escuchar la radio? ¿A qué hora la escucha? ¿Dónde?
– ¿Qué prefiere para estar informado leer el periódico, ver la televisión o escuchar la radio?
– ¿Recuerda cómo era su primer aparato de radio? ¿Dónde lo compró? ¿Cuánto le costó?
– ¿Qué programa de radio ha escuchado en los últimos días que la gustado o interesado más?

REVISTAS

– ¿Le gusta leer revistas? ¿Por qué?
– ¿Qué tipo de revistas le gustan más?
– ¿Con qué frecuencia compra revistas? ¿Dónde las compra? ¿Cuánto cuestan?
– ¿Recibe alguna revista en su casa o en su lugar de trabajo?
– ¿Cuánto cuestan las revistas en su país? ¿Dónde se venden? ¿Cuántas páginas tienen?
– ¿Cuál es la última revista que ha leído? ¿Dónde la ha leído? ¿Le ha gustado?

INTERNET

– ¿Le gusta Internet? ¿Por qué?
– ¿Para qué utiliza Internet? ¿Qué tipo de páginas suele visitar? ¿Con qué frecuencia consulta su correo? ¿Está en alguna red social?
– ¿Con qué frecuencia utiliza Internet? ¿Qué tipo de conexión a Internet tiene?
– ¿Cuánto cuesta la conexión a Internet en su país?
– ¿Cuándo se ha conectado a Internet por última vez? ¿Desde dónde? ¿Qué ha hecho?

Instrucciones

Usted tiene que hablar ante el entrevistador sobre TIPOS DE VIVIENDA durante 3 o 4 minutos. Elija uno de los aspectos que se le proponen.

PISO

– ¿Vive usted en un piso? ¿Es suyo? ¿Es alquilado?

– ¿Cómo es su piso? ¿Dónde está? ¿Le gusta?

– ¿En qué planta vive?

– ¿Cuántas habitaciones tiene? ¿Tiene alguna habitación libre? ¿Para qué la utiliza?

– ¿Cuántas personas viven con usted?

– ¿Prefiere vivir en un piso o en un chalé?

APARTAMENTO

– ¿Vive usted en un apartamento? ¿Es suyo? ¿Es alquilado?

– ¿Es su vivienda habitual? ¿Es su vivienda de vacaciones?

– ¿Cómo es su apartamento? ¿Dónde está? ¿Le gusta?

– ¿Cuántas habitaciones tiene? ¿Prefiere tener alguna habitación más?

– ¿Cuántas personas viven en su apartamento?

– ¿Qué ventajas tiene vivir en un apartamento?

– ¿Qué problemas tiene vivir en un apartamento?

TIPOS DE VIVIENDA

ESTUDIO

– ¿Vive usted en un estudio? ¿Es suyo? ¿Es alquilado?

– ¿Cómo es su estudio? ¿Dónde está? ¿Le gusta?

– ¿Cuántas habitaciones tiene? ¿Qué tipo de muebles tiene?

– ¿Cuántas personas viven en su estudio?

– ¿Para qué tipo de personas es bueno vivir en un estudio?

– ¿Qué ventajas tiene vivir en un estudio? ¿Qué problemas tiene vivir en un estudio?

CHALÉ

– ¿Tiene usted un chalé? ¿Es suyo? ¿Es alquilado?

– ¿Cómo es su chalé? ¿Dónde está?

– ¿Le gusta?

– ¿Es su vivienda habitual? ¿Es su segunda vivienda?

– ¿Cuántas habitaciones tiene? ¿Qué tipo de muebles tiene?

– ¿Desde cuándo tiene el chalé?

– ¿Qué ventajas tiene un chalé frente a un piso?

ADOSADO

– ¿Vive usted un adosado? ¿Es suyo? ¿Es alquilado?

– ¿Cómo es su adosado? ¿Dónde está? ¿Le gusta?

– ¿Cuántas habitaciones tiene? ¿Tiene garaje?

– ¿Cuántas personas viven en su adosado?

– ¿Qué prefiere un adosado o un chalé? ¿Por qué?

– ¿Prefiere vivir en un adosado o un chalé? ¿Por qué?

DESCRIPCIÓN DE UNA IMAGEN

Instrucciones

Describa la imagen: el lugar, las personas, los objetos y las acciones.
Debe hablar sobre las características físicas de las personas y sobre su ropa o sobre las cosas que llevan.
Usted debe hablar durante 2 o 3 minutos.

EXPRESIÓN E INTERACCIÓN ORALES

DIÁLOGO CON EL ENTREVISTADOR.

Instrucciones

Usted debe imaginar que está en un centro universitario buscando el aula donde va a recibir una clase. Tiene que hablar con un trabajador del centro y pedirle información sobre el lugar donde se encuentra el aula. El entrevistador es el trabajador del centro.

Modelo de conversación

1. Inicio

ENTREVISTADOR: SALUDO

–Hola, buenos días / buenas tardes.

CANDIDATO: SALUDO

–Hola, buenos días / buenas tardes.

ENTREVISTADOR: SALUDO-PREGUNTA INICIAL

–¿A quién busca?

CANDIDATO:

–Tengo clase en este edificio.

2. Fase de desarrollo

ENTREVISTADOR: INFORMACIÓN

–¿Es usted estudiante de Farmacia / Filología / Derecho?

CANDIDATO:

–Sí / No.

ENTREVISTADOR:

–¿Con quién tiene clase? ¿Cómo se llama el profesor?

CANDIDATO:

–Con el profesor…

ENTREVISTADOR:

–¿A qué hora es la clase?

CANDIDATO:

–A las…

ENTREVISTADOR:

–Aquí está, segundo curso de… ¿Sabe usted qué aula es?

CANDIDATO:

–No, ¿puede decírmela?

ENTREVISTADOR:

–En el aula 17. Está en la primera planta, a la izquierda, junto a la biblioteca.

CANDIDATO:

–Gracias.

3. Despedida y cierre

ENTREVISTADOR:

–Hasta luego.

CANDIDATO:

–Hasta luego.

EXPRESIÓN E INTERACCIÓN ORALES

CONVERSACIÓN CON EL ENTREVISTADOR

Instrucciones

Usted deberá conversar con el entrevistador durante 3 o 4 minutos siguiendo la información que hay en su ficha.

FICHA A: ENTREVISTADOR

Usted va a moverse por la ciudad con un amigo. Usted le propone ir en transporte público, pero su amigo le propone utilizar el coche.

Debe:

1. Decir a su amigo que quiere ir en transporte público.
2. Explicar por qué quiere ir en transporte público.

 TRANSPORTE PÚBLICO
  – No es necesario buscar aparcamiento.
  – Se puede leer y mirar el paisaje.
  – No hay tensión.

 COCHE
  – Dificultad de aparcamiento.
  – Atascos.
  – Contaminación.

3. Llegar a un acuerdo con su amigo.

FICHA B: CANDIDATO

Usted va a moverse por la ciudad con un amigo. Usted le propone utilizar el coche, pero su amigo o amiga le propone ir en transporte público.

Debe:

1. Decir a su amigo que quiere utilizar el coche.
2. Explicar por qué prefiere utilizar el coche.

 COCHE
  – Directo al destino.
  – Rápido.
  – Horario conveniente.

 TRANSPORTE PÚBLICO
  – Tiempo de espera.
  – Lejos de destino.
  – Horario limitado.

3. Llegar a un acuerdo con su amigo.

COMPRENSIÓN DE LECTURA

TAREA 1 Ejercicio 86

⏳ **HORA DE INICIO** ___:___

Instrucciones

Lea los siete enunciados y los diez textos. Seleccione el texto (A-J) que corresponde a cada enunciado (1-7).

Hay once textos, incluido el ejemplo. Seleccione siete.

Marque las opciones elegidas en la **Hoja de respuestas.**

Ejemplo:

TEXTO K

¡Atención! Es peligroso subir al tren
después del sonido para cerrar las puertas.

La opción correcta es la **K.**

A B C D E F G H I J K

0. ☐ ☐ ☐ ☐ ☐ ☐ ☐ ☐ ☐ ☐ ■

	ENUNCIADOS	TEXTOS
0.	Es mejor esperar al siguiente.	K
1.	Le gustan las películas.	
2.	Se puede elegir la comida.	
3.	Si hay un fuego.	
4.	No se debe hablar.	
5.	Ropa para hacer un viaje.	
6.	Cómo se hace una petición.	
7.	Plazo para presentar un texto.	

TEXTO A

Lleven guantes y bufanda
a la excursión del miércoles
a la montaña mágica
de Entrepeñas.

TEXTO B

En caso de incendio,
el teléfono de emergencia
para llamar a los bomberos
es el 112.

TEXTO C

Los alumnos suspensos
tienen que presentar
su trabajo antes de fin de curso.

TEXTO D

De lunes a viernes
hay menú del día.
Tres primeros platos, tres segundos,
postre, pan y bebida:
9 euros.

TEXTO E

La Dirección del centro
ha decidido suspender
la fiesta de fin curso
a causa de la nieve
de la última semana.

TEXTO F

También puedes enviar
tus cartas a través
de nuestra web

www.tuyaparticipa.org

a la sección Práctica.

TEXTO G

Por respeto
a los enfermos,
guarde silencio.

TEXTO H

Chico tranquilo, amable
y abierto busca relación
con otros jóvenes de su edad
y aficiones parecidas
(música, cine, teatro,
deporte y literatura).

TEXTO I

Deje una nota
encima de la mesa
del bibliotecario,
si quiere buscar un libro
que no encuentra.

TEXTO J

La matrícula del curso
debe pagarse
antes de empezar las clases.

⌛ HORA DE FINALIZACIÓN ___:___

COMPRENSIÓN DE LECTURA

TAREA 2 Ejercicio 87

⏳ **HORA DE INICIO ___:___**

Instrucciones

Lea el correo electrónico que Magda le ha escrito a su amiga Eugenia. A continuación, responda a las preguntas (8-12). Elija la respuesta correcta (A, B o C).

Marque las opciones elegidas en la **Hoja de respuestas.**

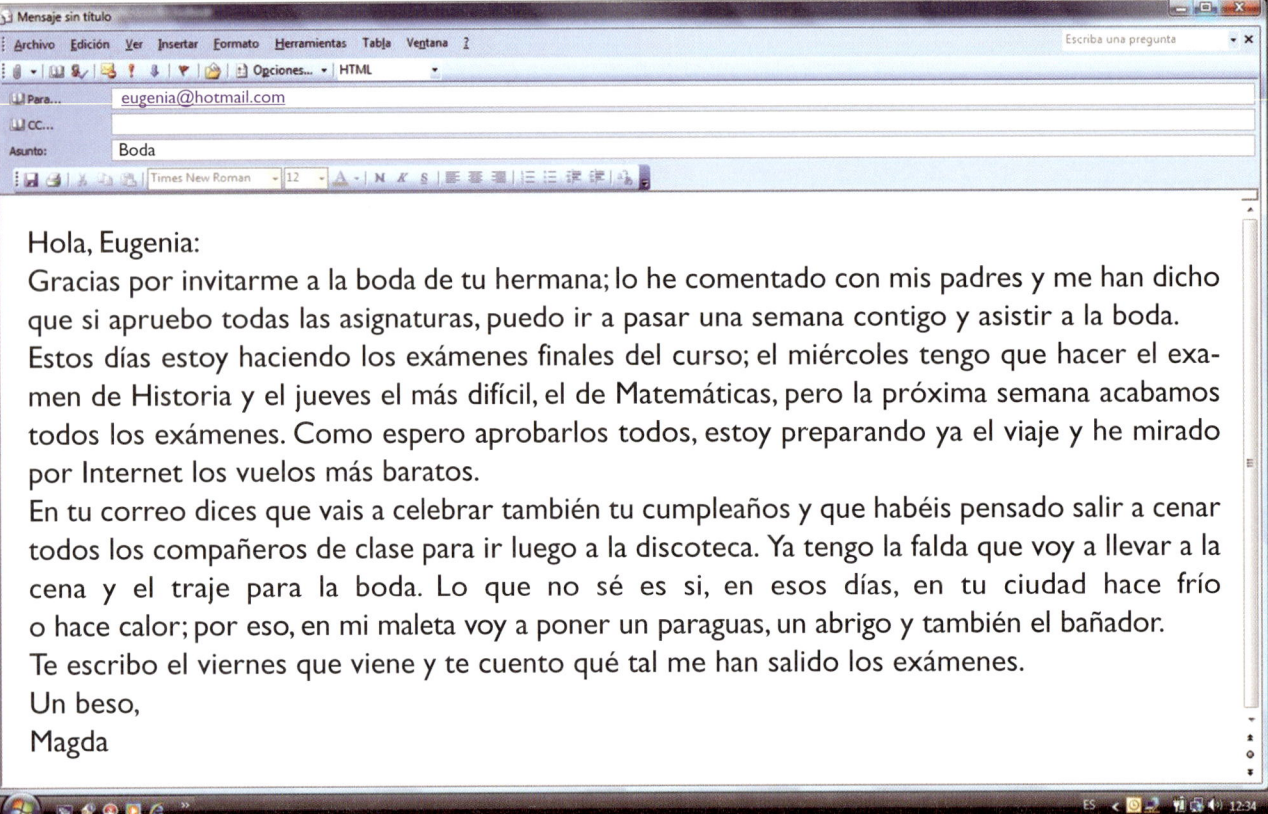

Preguntas

8. Según este correo, Eugenia…
   A) se casa a finales de este curso.
   B) ha invitado a Magda a una boda.
   C) está buscando billetes de avión.

9. Para la boda, Magda va a ponerse…
   A) un abrigo.
   B) una falda.
   C) un vestido.

10. Para Magda…
   A) los exámenes son muy tarde.
   B) las Matemáticas son difíciles.
   C) la Historia es interesante.

11. Magda quiere saber…
   A) si puede ir a la boda.
   B) los precios del vuelo.
   C) el tiempo que hace.

12. Magda va a escribir a Eugenia…
   A) después de los exámenes.
   B) si encuentra un billete de avión.
   C) si aprueba todos los exámenes.

⏳ **HORA DE FINALIZACIÓN ___:___**

COMPRENSIÓN DE LECTURA

TAREA 3 Ejercicio 88

⏳ HORA DE INICIO ___:___

Instrucciones

Usted va a leer seis anuncios. A continuación, responda a las preguntas (13-18). Seleccione la opción correcta (A, B o C).

Marque las opciones elegidas en la **Hoja de respuestas.**

Ejemplo:

TEXTO 0

Teatro Alcázar. *Parecido no es lo mismo.* Intérpretes: Faemino y Cansado. A partir del 15 de noviembre. Venta de entradas en taquilla desde el 15 de octubre. Fin de temporada: 15 de diciembre.

0. Este espectáculo comienza…

    A) el 15 de octubre.

    B) el 15 de noviembre.

    C) el 15 de diciembre.

La opción correcta es la **B.**

    A   B   C

0. ☐ ■ ☐

TEXTO 1

TEXTO 2

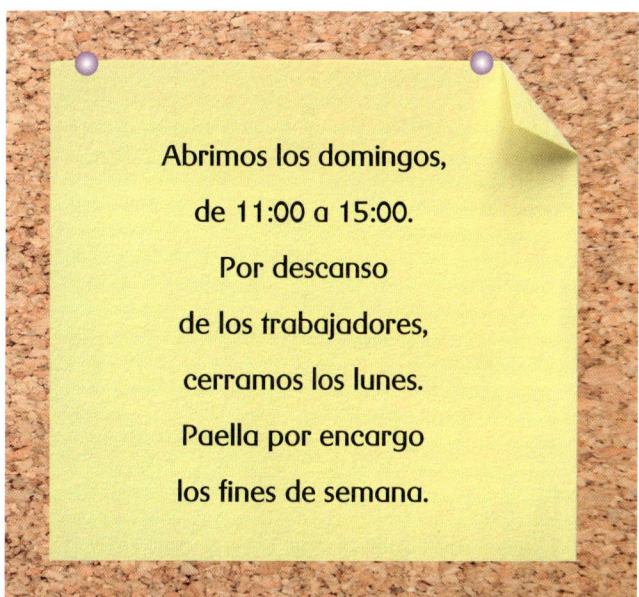

Vendo sillón de masajes, individual, de piel, color negro, ideal para problemas de espalda. Programas que permiten masajes completos y personalizados, distintos niveles de potencia. Todas las funciones con diferentes velocidades. Perfecto estado de conservación. 800 €.

Tel.: 917 285 370.

Abrimos los domingos, de 11:00 a 15:00. Por descanso de los trabajadores, cerramos los lunes. Paella por encargo los fines de semana.

13. Este objeto…

    A) es muy lento y fuerte.

    B) solo sirve para la espalda.

    C) es un mueble usado.

14. Los sábados…

    A) cierran a las tres de la tarde.

    B) también se cocinan paellas.

    C) descansan los camareros.

TEXTO 3

Fotografía.
Con tus antiguas fotografías,
hago un bello álbum digital
o un DVD con música
y movimiento.
Escaneado de documentos.
Ideal para un regalo especial.
Trabajo profesional,
rápido y económico.
Recogida y entrega a domicilio.
Adrián. 675 48 15 68.

15. En este anuncio…
    A) el trabajo se hace en pocos días.
    B) se compone música para regalar.
    C) se regalan fotografías antiguas.

TEXTO 4

Los Ángeles.
Recogemos muebles
y electrodomésticos.
Hacemos mudanzas.
Venta de muebles nuevos
y de segunda mano.
Reformas y pinturas
en general.
Situado en
Avda. Rosalía de Castro.
Tfno: 688 65 77 21.

16. En esta empresa…
    A) se venden objetos usados.
    B) se hacen muebles a medida.
    C) se compran obras de arte.

TEXTO 5

Telesecretaria.
Atención telefónica,
correo electrónico,
citas y actividades
en su agenda,
preparación de viajes,
informes, dosieres,
presupuestos, facturas, etc.
Todos los medios informáticos
para tu oficina desde la mía.
Precios por meses o por trabajo.
Rosa: 656 81 55 24.

17. Con este servicio…
    A) se venden billetes de tren y de avión.
    B) se cobra a final de cada mes.
    C) contestan las llamadas de los clientes.

TEXTO 6

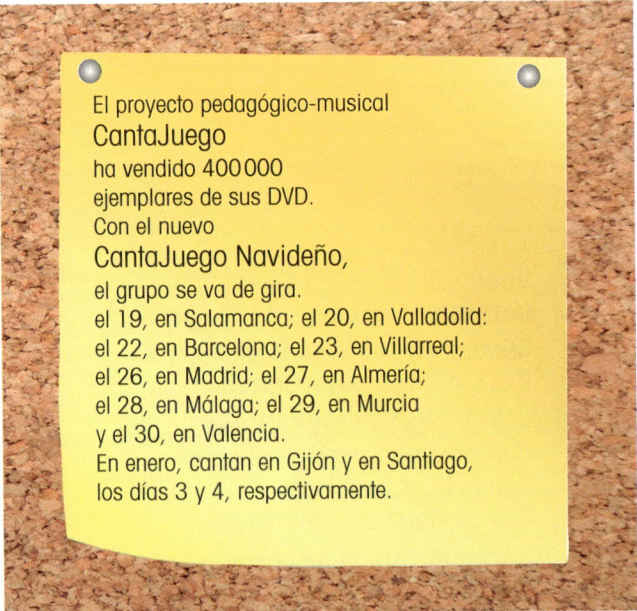

El proyecto pedagógico-musical
CantaJuego
ha vendido 400 000
ejemplares de sus DVD.
Con el nuevo
CantaJuego Navideño,
el grupo se va de gira.
el 19, en Salamanca; el 20, en Valladolid:
el 22, en Barcelona; el 23, en Villarreal;
el 26, en Madrid; el 27, en Almería;
el 28, en Málaga; el 29, en Murcia
y el 30, en Valencia.
En enero, cantan en Gijón y en Santiago,
los días 3 y 4, respectivamente.

18. Este grupo de música…
    A) actúa en Santiago el 3 de enero.
    B) vende sus discos en los conciertos.
    C) ha publicado un nuevo disco.

HORA DE FINALIZACIÓN ___:___

COMPRENSIÓN DE LECTURA

⧗ HORA DE INICIO ___:___

Instrucciones

Lea los siete enunciados y los diez textos de esta revista sobre vida en el campo. A continuación, seleccione el texto (A-J) que corresponde a cada enunciado (19-24).

Hay diez textos, incluido el ejemplo. Seleccione seis.

Marque las opciones elegidas en la **Hoja de respuestas.**

Ejemplo:

0. Tienen un hijo.

La opción correcta es la **B.**

A B C D E F G H I J

0. ☐ ■ ☐ ☐ ☐ ☐ ☐ ☐ ☐ ☐

	ENUNCIADOS	TEXTOS
0.	Tienen un hijo.	B
19.	Vive cerca de un río.	
20.	No puede chatear con sus amigos.	
21.	Tiene muchos días libres.	
22.	Vive en el pueblo más pequeño.	
23.	Se separó de su mujer.	
24.	Trabaja en el campo.	

VIDA EN EL CAMPO

A. Félix Fontal

Se fue de Alcobendas. Ahora trabaja en Mardacos (treinta y cuatro habitantes), de la provincia de Madrid. Tiene su puesto de trabajo en la puerta de su casa. En 2003 empezó a vivir con su mujer, Concha, de treinta y nueve años, en una casa de campo.

B. Maribel García

Con dieciocho años, se fue de Villarino de Sanabria (cuarenta habitantes), en la provincia de Zamora, a Madrid. Ahora ha vuelto a su pueblo para abrir un restaurante. Estaban cansados, ella y su marido, de vivir en una ciudad demasiado grande. Lo que más les gusta es que el niño va andando al colegio y juega por las tardes en la calle.

C. Luisa López

Ha comprado la casa de su tío en un pueblo de León. Ha vivido siempre en una gran ciudad, pero sabe que, en Carricedo, no tiene tiempo para aburrirse. Su único problema es que no puede conectarse a Internet, pero, si quiere ir una tarde de tiendas o al cine, en una hora llega a la capital.

D. Kika Castro

Dejó su trabajo para abrir una pequeña farmacia en un pueblo de menos de trescientos habitantes. Llegaron su marido, sus dos hijas y ella en invierno y no le gustó nada el frío, pero ahora le gusta el clima.

E. Juan Carlos Alonso

A los cuarenta y seis años decidió que no le gustaba salir de su casa, en un pueblo cercano a Madrid, a las siete de la mañana y no volver hasta las diez de la noche. Ahora, abre su tienda a las once la mañana y cierra a las cinco de la tarde. El resto del tiempo lo dedica a leer, a pasear y a hacer deporte.

F. Mario Domínguez

Cuando era niño sus padres se lo llevaron del pueblo a Valladolid, pero volvió a San Pedro de Latarce para trabajar como agricultor. "Vivo aquí mucho mejor, aunque gano menos dinero", comenta mientras come con su mujer, Olga, y su hija, Henar, de siete años.

G. Evelyn Celma

Se fue a vivir, después de terminar sus estudios en Ciencias del Medio Ambiente, a una casa a seis kilómetros de Peñarroya de Tastavins. Ahora tiene mucho tiempo para ella y tres días a la semana trabaja como guía turística en el castillo de Valderrobles.

H. Mónica Porras y Óscar Sánchez

Han abierto una casa rural en San Esteban (trescientos cincuenta habitantes), en la provincia de Salamanca. A sus amigos no les gustaba la idea de irse a un pueblo pequeño, pero cuando van a visitarlos les encanta la tranquilidad y el silencio que tienen.

I. Jesús Garzón

Desde hace años es pastor de corderos en una aldea. Lo que más le gusta es coger un libro y salir a leer al campo. Vendió su piso de Bilbao y se marchó, después de divorciarse, a empezar una nueva vida. Juega al fútbol en el equipo del pueblo.

J. Jorge Delgado

Cuando se trasladó a la provincia de Salamanca, pensaba que ya no iba a poder estudiar inglés, ni asistir a conciertos, ni pasar las tardes en la biblioteca o en una piscina, pero ahora lo único que no tiene es un hospital cerca. Ha abierto el bar del pueblo y desde su ventana oye el agua del río.

(Adaptado de "Uno nuevo en el pueblo". *El País Semanal*. 1 de abril de 2007. Pág. 25-30).

 HORA DE FINALIZACIÓN ___:___

TAREA 5 Ejercicio 90

⏳ HORA DE INICIO ___:___

Instrucciones

Va a leer un fragmento de la autobiografía del poeta chileno Pablo Neruda. A continuación conteste a las preguntas (25-30). Seleccione la opción correcta (A, B o C).
Marque las opciones elegidas en la **Hoja de respuestas.**

Comenzaré por decir que mi único personaje de los días y los años de mi infancia fue la lluvia, la gran lluvia que cae desde los cielos hasta la frontera. En esta frontera de mi país nací a la vida, a la tierra, a la poesía y a la lluvia.

Me parece que se ha perdido ese arte de llover que veía en mi Araucanía natal. Llovía meses enteros, años enteros. La lluvia caía en hilos que se rompían en los techos y cada casa era un barco que difícilmente llegaba a puerto en aquel océano de invierno. Por los caminos, entre piedras, contra frío y lluvia, andábamos hacia el colegio. Los paraguas se los llevaba el viento. Los abrigos eran caros, los guantes no me gustaban y los zapatos se llenaban de agua. Siempre recordaré los calcetines mojados junto a la mesa.

Temuco es una ciudad sin pasado, pero con tiendas, zapaterías y supermercados. Mis padres llegaron a Temuco, donde yo nací, desde Parral, para trabajar. Allí, en el centro de Chile, nací el 12 de julio de 1904. La vida era dura para los pequeños agricultores del centro del país. Mi abuelo, don José Ángel Reyes, tenía poca tierra y muchos hijos. Mi padre se llamaba José y salió muy joven de la casa de mi abuelo; trabajó como obrero en el puerto y fue conductor de trenes.

En mi casa había una habitación con objetos maravillosos. En el fondo, junto a la ventana, había un calendario con una fotografía de un castillo que yo imaginaba en Europa o en cualquier país lejano. Pero en aquella habitación estaba también el mueble donde se guardaban los libros, y allí estaban las primeras novelas de amor que leí, unos cuantos libros de poesía romántica y una enciclopedia con dibujos que me gustaba mirar una y otra vez.

Llegó el año 1910, un año que recuerdo porque fue cuando comencé a ir al colegio, en un edificio con grandes salas muy oscuras que estaba cerca de un río. En primavera, dejábamos de ir a clase para meter los pies en el agua fría que corría sobre las piedras blancas.

Fui creciendo. Me empezaron a interesar los libros. Los primeros amores se desarrollaban en cartas de amor que escribía a Blanca Wilson, la hija del médico del pueblo. Uno de mis amigos estaba enamorado de ella y me pidió escribirle sus cartas de amor. Un día, me encontré con Blanca por la calle y me preguntó si yo era el autor de las cartas que mi amigo le enviaba. No pude mentirle y le respondí que sí. Entonces me regaló una naranja que no quise comer y guardé como un tesoro. A partir de ese momento, continué escribiéndole larguísimas cartas de amor y recibiendo naranjas.

(Adaptado de *Confieso que he vivido,* Pablo Neruda. Editorial Argos Vergera. Barcelona. 1979. Pág. 11-18).

Preguntas

25. El texto habla de…
    A) las casas de Pablo Neruda.
    B) los poemas de este autor.
    C) la infancia del poeta chileno.

26. Lo que más recuerda el autor de su infancia era…
    A) la lluvia que caía a todas horas.
    B) el precio de los abrigos y guantes.
    C) las casas y los barcos en invierno.

27. Según el texto,…
    A) ahora llueve más que antes.
    B) ahora llueve de otra forma.
    C) ahora no llueve.

28. En la casa de Neruda había…
    A) fotos de castillos de Europa.
    B) muchos libros que le gustaban.
    C) muebles de países lejanos.

29. El padre de Pablo Neruda…
    A) tenía muchos hermanos.
    B) era taxista profesional.
    C) trabajó en el aeropuerto.

30. Blanca Wilson era…
    A) la novia de su amigo.
    B) el primer amor de Neruda.
    C) la chica que le gustaba.

⌛ HORA DE FINALIZACIÓN ___:___

COMPRENSIÓN AUDITIVA

TAREA 1 Ejercicio 91 - Pista 31 ⊙♫

⏳ **HORA DE INICIO** ___:___

Instrucciones

Usted va a escuchar siete anuncios de radio. Los anuncios se repiten dos veces. Seleccione la opción correcta (A, B o C) para cada pregunta sobre los anuncios.

Marque las opciones seleccionadas en la **Hoja de respuestas.**

A continuación va a oír un ejemplo:

0. La Orquesta Sinfónica de Madrid…
   A) celebra el setenta aniversario de su creación.
   B) actúa en el cumpleaños de un director.
   C) toca a menudo música de Plácido Domingo.

La opción correcta es la **B.**

   A   B   C
0. ☐ ■ ☐

Preguntas

1. Las camisetas solidarias…
   A) pagan ocho euros para pueblos africanos.
   B) las vende el grupo Intervida solamente.
   C) ofrecen distintos modelos en Internet.

2. El próximo lunes, el centro comercial…
   A) abre nuevamente.
   B) cierra sus puertas.
   C) se va a inaugurar.

3. Este mes, la revista *Niños de hoy*…
   A) trata los problemas de la Navidad.
   B) ayuda a comprender a los hijos.
   C) regala un juguete para los niños.

4. Este anuncio es de…
   A) una exposición de obras de arte.
   B) un aparato de aire acondicionado.
   C) un grupo que protege la naturaleza.

5. En Muebles de Oferta…
   A) los sábados abren hasta mediodía.
   B) van a cerrar la sección de sofás.
   C) abren la tienda el 27 de junio.

6. A causa de la Vuelta Ciclista…
   A) se aconseja utilizar servicios de transporte públicos.
   B) se abren nuevas calles y avenidas para los coches.
   C) se tiene que pagar por aparcar el coche en la ciudad.

7. En el menú básico de este restaurante…
   A) se sirven más de diez platos.
   B) los platos cambian cada semana.
   C) se pueden elegir varios platos.

⏳ **HORA DE FINALIZACIÓN** ___:___

TAREA 2 Ejercicio 92 - Pista 32 ⊙♫

⧗ HORA DE INICIO ___:___

Instrucciones

Va a escuchar una entrevista radiofónica a Luis Rodríguez. Escuchará la entrevista dos veces.
Seleccione la opción correcta (A, B o C) para cada pregunta.
Marque las opciones elegidas en la **Hoja de respuestas.**
Ahora tiene 35 segundos para leer las preguntas.

Preguntas

8. Luis Rodríguez es…
   A) viajero.
   B) cantante.
   C) músico.

9. El tipo de música que hace Luis es…
   A) flamenca.
   B) popular.
   C) clásica.

10. Luis aprendió en el conservatorio a tocar…
   A) el piano.
   B) la guitarra.
   C) el tambor.

11. Luis nació…
   A) en Sevilla.
   B) en Jaén.
   C) en Jódar.

12. El padre de Luis…
   A) tocaba la guitarra.
   B) le regaló una guitarra.
   C) le enseñó a tocar.

13. Las fiestas de los pueblos son …
   A) en verano.
   B) calurosas.
   C) numerosas.

⧗ HORA DE FINALIZACIÓN ___:___

COMPRENSIÓN AUDITIVA

TAREA 3 Ejercicio 93 - Pista 33 ⊙♫

⏳ **HORA DE INICIO** ___:___

Instrucciones

Usted va a escuchar siete mensajes. Escuchará cada mensaje dos veces. Seleccione el enunciado (A-J) que corresponde a cada mensaje (14-19).

Hay diez enunciados, incluido el ejemplo. Seleccione seis.

Marque las opciones elegidas en la **Hoja de respuestas.**

Escuche ahora el ejemplo:

Mensaje 0

La opción correcta es la **A.**

A B C D E F G H I J

0. ■ □ □ □ □ □ □ □ □ □

Ahora tiene 25 segundos para leer los enunciados.

ENUNCIADOS	
A.	Bueno para quienes practican deporte.
B.	Puedes vivir todo el año cerca del mar.
C.	Toda la semana se puede ir.
D.	Las clases se hacen con música.
E.	La lavadora es la más barata.
F.	Sirve solo para hombres.
G.	En el mes de abril es posible.
H.	No cuesta dinero hacerlo.
I.	Puede peinarte y lavarte la cabeza.
J.	Para personas de todas las edades.

MENSAJES		ENUNCIADOS
	Mensaje 0	A
14.	Mensaje 1	
15.	Mensaje 2	
16.	Mensaje 3	
17.	Mensaje 4	
18.	Mensaje 5	
19.	Mensaje 6	

⏳ **HORA DE FINALIZACIÓN** ___:___

TAREA 4 Ejercicio 94 - Pista 34 ⊙♫

⧗ **HORA DE INICIO** ___:___

Instrucciones
Usted va a escuchar una conversación entre un paciente y su médica. Escuchará la conversación dos veces. Lea las preguntas (20-25) y seleccione la opción correcta (A, B o C) para cada pregunta.
Marque las opciones elegidas en la **Hoja de respuestas.**
Ahora tiene 35 segundos para leer las preguntas.

Preguntas

20. El señor Fernández ha ido al médico porque…
    A) le duele la cabeza.
    B) tiene dolor de muelas.
    C) lleva unos días nervioso.

21. El dolor comenzó…
    A) inmediatamente después de la cena.
    B) unas horas antes de cenar.
    C) la noche anterior, al terminar la cena.

22. En la farmacia, el señor Fernández ha comprado…

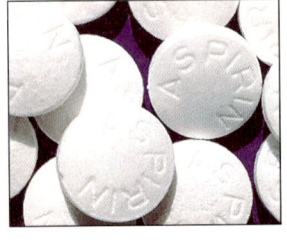

A)

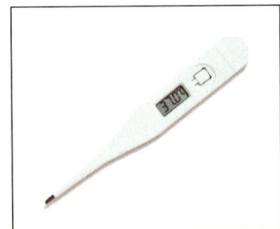

B)

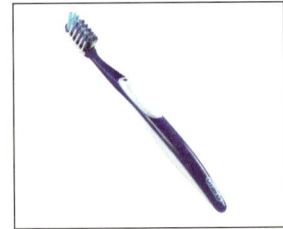

C)

23. Al señor Fernández, la muela le duele…
    A) dos veces cada año.
    B) desde el día anterior.
    C) desde hace unos días.

24. El señor Fernández no ha podido…
    A) tomarse la temperatura.
    B) ir al dentista.
    C) comprar en la farmacia.

25. El médico le aconseja…
    A) visitar una farmacia.
    B) comprar un termómetro.
    C) ir al dentista pronto.

⧗ **HORA DE FINALIZACIÓN** ___:___

COMPRENSIÓN AUDITIVA

TAREA 5 Ejercicio 95 - Pista 35 ⊙♫

⏳ **HORA DE INICIO** ___:___

Instrucciones

Usted va a escuchar a dos personas hablando sobre el viaje que tienen que hacer esta tarde. Oirá la conversación dos veces. Seleccione la imagen (A-H) que corresponde a cada enunciado (26-30).
Hay ocho imágenes. Seleccione cinco.
Marque la opción correcta en la **Hoja de respuestas.**
Ahora tiene 15 segundos para leer los enunciados.

	ENUNCIADOS	IMÁGENES
26.	Lugar de la conversación.	
27.	La mujer ha preparado.	
28.	Van a la estación.	
29.	Con la revista regalan.	
30.	Hoy van a comprar.	

A

B

C

D

E

F

G

H

⏳ **HORA DE FINALIZACIÓN** ___:___

⏳ **HORA DE INICIO** ___:___

Instrucciones

Usted quiere escribir un correo electrónico para solicitar un puesto de trabajo. Cuente qué estudios tiene y qué puede hacer en ese trabajo. En el mensaje debe:

— contar por qué quiere trabajar en el extranjero;

— hablar de los idiomas que habla;

— explicar qué ha estudiado y dónde ha trabajado antes.

Número de palabras: entre 30 y 40.

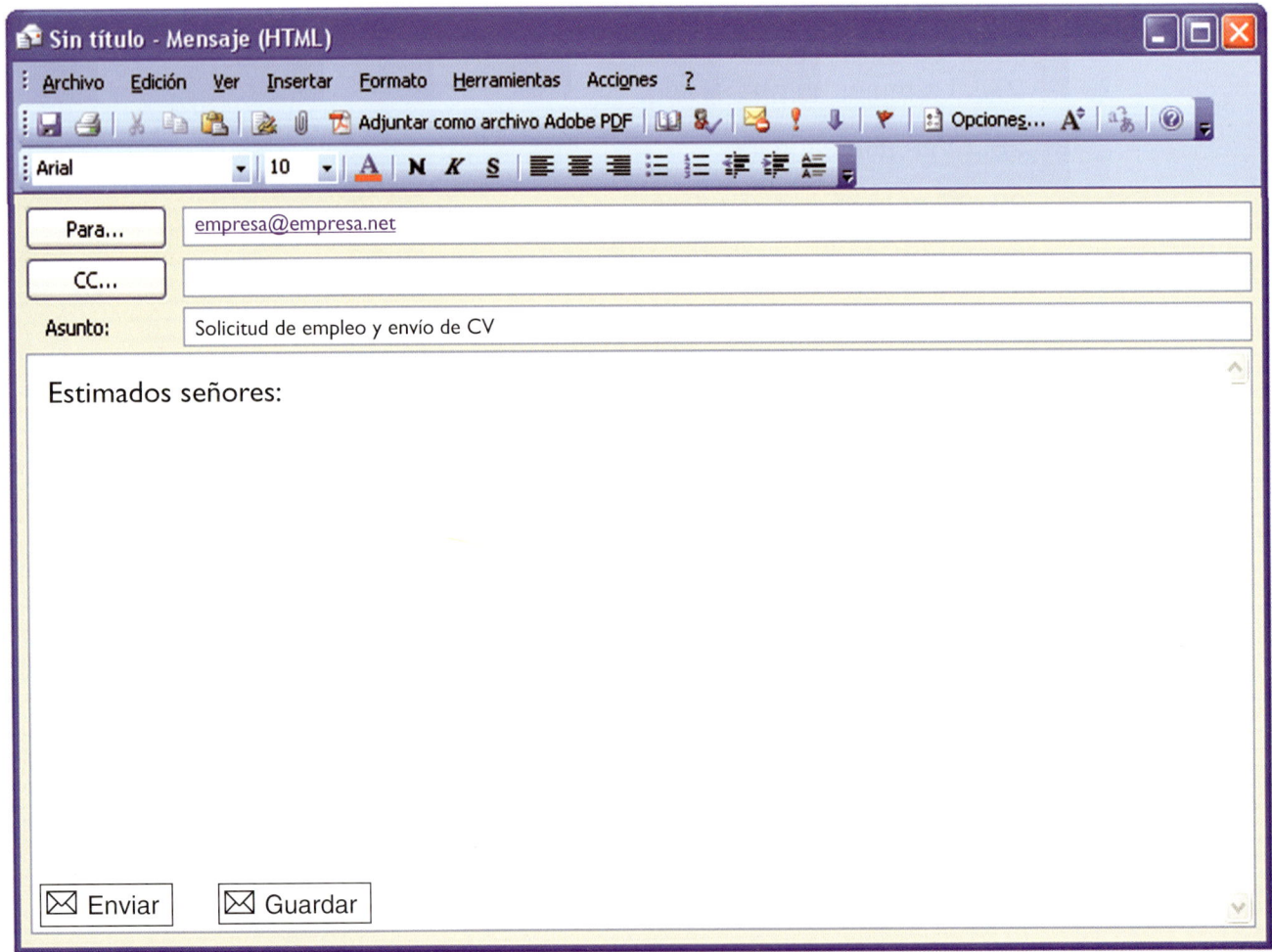

⏳ **HORA DE FINALIZACIÓN** ___:___

EXPRESIÓN E INTERACCIÓN ESCRITAS

TAREA 2 Ejercicio 97

⌛ **HORA DE INICIO** ___:___

Instrucciones

Usted ha atendido una llamada telefónica de un cliente antes de salir del trabajo. Escriba un mensaje a su compañero de trabajo. En él debe:

– contarle quién ha llamado y cuándo;
– explicarle lo que le ha contado el cliente;
– pedirle una solución al problema.

No olvide saludar y despedirse.

Número de palabras: entre 70 y 80.

Bono de Reparación   nº

Nombre del cliente:

Tipo de reparación:

⌛ **HORA DE FINALIZACIÓN** ___:___

EXPRESIÓN E INTERACCIÓN ESCRITAS

TAREA 3 Ejercicio 98

⏳ **HORA DE INICIO** ___:___

Instrucciones

Aquí le presentamos algunos datos y fotografías del viaje de fin de curso de los estudiantes de tercero de Historia. Escriba su historia. Usted tiene que comentar:

- cómo fueron y dónde se hospedaron;
- qué hicieron y cuándo lo hicieron;
- qué lugares visitaron.

Número de palabras: entre 70 y 80.

DATOS
- Tema: Viaje de fin de curso
- Año: 2013
- Duración: una semana
- Destino: islas Canarias

⏳ **HORA DE FINALIZACIÓN** ___:___

EXPRESIÓN E INTERACCIÓN ORALES

MONÓLOGO

Instrucciones

Usted tiene que hablar ante el entrevistador sobre EL CLIMA durante 3 o 4 minutos. Elija uno de los aspectos que se le proponen.

EL SOL

- ¿Le gusta cuando hace sol? ¿Por qué?
- ¿Qué hace cuando hace sol? ¿Dónde va?
- ¿Hace mucho sol en su país? ¿Cuándo?
- ¿Prefiere los días que hace sol o los días que llueve? ¿Por qué?
- ¿Qué no le gusta hacer cuando hace sol?
- ¿Cómo suele vestirse cuando hace sol?
- ¿Cuándo hizo sol en su ciudad por última vez? ¿Qué hizo?

LA LLUVIA

- ¿Le gusta la lluvia? ¿Por qué?
- ¿Qué hace cuando llueve? ¿Dónde va?
- ¿Cómo es su ciudad cuando llueve? ¿Llueve mucho en su ciudad? ¿Cuándo?
- ¿Qué prefiere los días de sol o de lluvia?
- ¿Qué no puede hacer cuando llueve?
- ¿Cómo va vestido cuando llueve?
- ¿Cuándo llovió por última vez en su ciudad? ¿Qué hizo?

EL CLIMA

EL VIENTO

- ¿Le gusta el viento? ¿Por qué?
- ¿Qué suele hacer cuando hace viento? ¿Dónde va?
- ¿Hace mucho viento en su ciudad? ¿En qué época del año?
- ¿Qué hace la gente cuando hay viento? ¿Qué pasa en las calle cuando hace viento?
- ¿Cómo se viste usted cuando hace viento?
- ¿Cuándo hizo viento en su ciudad por última vez? ¿Qué hizo usted? ¿Qué sucedió?

LA NIEVE

- ¿Le gusta la nieve? ¿Por qué?
- ¿Qué suele hacer cuando nieva?
- ¿Suele nevar en su ciudad? ¿Cuándo? ¿Nieva mucho o poco?
- ¿Prefiere los días que nieva o los días que hace sol?
- ¿Cómo se viste cuando nieva?
- ¿Cuándo vio nevar por última vez? ¿Qué hizo?

BUEN O MAL TIEMPO

- ¿Qué es para usted el buen tiempo? ¿Qué es para usted el mal tiempo?
- ¿Qué hace cuando hace buen tiempo? ¿Qué hace cuando hace mal tiempo? ¿Dónde suele ir?
- ¿En qué época del año hace mal tiempo en su país? ¿En qué época del año hace buen tiempo?
- ¿Cómo se viste cuando hace mal tiempo? ¿Y cuando hace bueno?
- ¿Cuándo hizo mal tiempo en su ciudad por última vez? ¿Cuándo hizo buen tiempo? ¿Qué hizo usted en cada caso?

Instrucciones

Usted tiene que hablar ante el entrevistador sobre LOS LIBROS durante 3 o 4 minutos. Elija uno de los aspectos que se le proponen.

NOVELAS

– ¿Le gusta leer novelas? ¿Por qué?
– ¿Dónde suele leer novelas? ¿Cuándo suele leerlas? ¿Cuánto tarda en leer una novela?
– ¿Cuál es su novela favorita? ¿Quién es el autor? ¿Qué historia cuenta esa novela?
– ¿Le han regalado alguna vez una novela? ¿Cuál? ¿Quién se la regaló?
– ¿Ha regalado alguna vez una novela? ¿Cuál? ¿Por qué la regaló?
– ¿Cuál es la última novela que ha leído? ¿Le ha gustado? ¿Por qué?

POESÍA

– ¿Le gusta la poesía? ¿Por qué?
– ¿Lee muchos libros de poesía? ¿Cuántos libros de poesía lee al año?
– ¿Qué autores le gustan? ¿De dónde son? ¿En qué lengua lee poesía?
– ¿Qué libro de poesía le ha gustado más? ¿Lo lee con frecuencia?
– ¿Ha escrito alguna vez un poema? ¿Cuándo? ¿Por qué?
– ¿Ha regalado alguna vez un libro de poesía? ¿A quién? ¿Por qué?
– ¿Cuál es el último libro de poesía que ha leído? ¿Le ha gustado? ¿Por qué?

LOS LIBROS

BIOGRAFÍAS

– ¿Le gusta leer biografías? ¿Por qué?
– ¿De qué tipo de personas suele leer biografías?
– ¿Qué biografía de las que ha leído le ha gustado más?
– ¿Qué prefiere leer biografías o novelas? ¿Por qué?
– ¿Qué biografía piensa leer? ¿Por qué?
– ¿Qué le interesa más de una biografía?
– ¿Cuál ha sido la última biografía que ha leído?

CUENTOS

– ¿Le gusta leer cuentos? ¿Por qué?
– ¿Lee cuentos? ¿Qué autores de cuentos le gustan más? ¿Qué tipo de cuentos le gustan más?
– ¿Le leían cuentos cuando era pequeño? ¿Quién? ¿Cuándo?
– ¿Ha escrito alguna vez un cuento? ¿Cuándo? ¿Qué historia contaba?
– ¿Cuál es su cuento favorito? ¿Quién lo escribió? ¿Qué historia cuenta?
– ¿Cuál es el último cuento que ha leído? ¿Qué historia cuenta?

LIBROS DE VIAJES

– ¿Le gustan los libros de viajes? ¿Por qué?
– ¿Con qué frecuencia lee libros de viajes?
– ¿Cuál es su libro de viajes favorito? ¿Por qué?
– ¿Qué libro de viajes piensa leer? ¿Sobre qué país? ¿Por qué?
– ¿Viaje usted a los países después de leer los libros de viajes sobre esos países?
– ¿Cuál es el último libro de viajes que ha leído? ¿De qué país habla? ¿Quién lo escribió?

EXPRESIÓN E INTERACCIÓN ORALES

TAREA 2 Ejercicio 100

DESCRIPCIÓN DE UNA IMAGEN

Instrucciones

Describa la imagen: el lugar, las personas, los objetos y las acciones.
Debe hablar sobre las características físicas de las personas y sobre su ropa o sobre las cosas que llevan.
Usted debe hablar durante 2 o 3 minutos.

EXPRESIÓN E INTERACCIÓN ORALES

DIÁLOGO CON EL ENTREVISTADO

Instrucciones

Usted debe imaginar que está en un mercado de fruta. Tiene que hablar con el frutero que le atiende y preguntarle el precio de las frutas que vende. El entrevistador es el vendedor de fruta.

Modelo de conversación

1. Inicio

ENTREVISTADOR: SALUDO

—Hola, buenos días / buenas tardes.

CANDIDATO: SALUDO

—Hola, buenos días / buenas tardes.

ENTREVISTADOR: PREGUNTA INICIAL

—¿Qué desea?

CANDIDATO:

—Quiero comprar fruta.

2. Fase de desarrollo

ENTREVISTADOR: INFORMACIÓN

—Muy bien. Usted dirá.

CANDIDATO:

—¿Tiene manzanas? Póngame tres kilos.

ENTREVISTADOR:

—Aquí tiene. ¿Desea algo más?

CANDIDATO:

—Sí, unas naranjas… / No, nada más.

ENTREVISTADOR: CONDICIONES

—Aquí tiene.

CANDIDATO:

—Muchas gracias… ¿Cuánto es?

ENTREVISTADOR:

—Son tres / cinco… euros.

CANDIDATO:

—¿Puedo pagar con tarjeta?

ENTREVISTADOR:

—Sí, claro. ¿Puede firmar aquí?

CANDIDATO:

—Por supuesto.

3. Despedida y cierre

ENTREVISTADOR:

—Muchas gracias y hasta pronto. Adiós.

CANDIDATO:

—Hasta luego…

EXPRESIÓN E INTERACCIÓN ORALES

TAREA 4 Ejercicio 102

CONVERSACIÓN CON EL ENTREVISTADOR

Instrucciones

Usted deberá conversar con el entrevistador durante 3 o 4 minutos siguiendo la información que hay en su ficha.

FICHA A: ENTREVISTADOR

Usted decide visitar una exposición de pintura con un amigo. Su amigo le propone ver una exposición de pintura clásica, pero usted prefiere la pintura moderna.

Debe:

1. Decir a su amigo que quiere visitar la exposición de pintura moderna.
2. Explicar por qué prefiere la pintura moderna.

 PINTURA MODERNA
   – Es dinámica.
   – Es alegre, de colores fuertes.
   – Es interesante. Hay que saber comprenderla.

 PINTURA CLÁSICA
   – Es aburrida.
   – Los colores son oscuros.
   – Solo gusta a las personas mayores.

3. Llegar a un acuerdo con su amigo.

FICHA B: CANDIDATO

Usted decide visitar una exposición de pintura con un amigo. Su amigo prefiere la pintura moderna, pero usted prefiere la clásica.

Debe:

1. Decir a su amigo que quiere ver una exposición de pintura clásica.
2. Explicar por qué quiere ver la pintura clásica.

 PINTURA CLÁSICA
   – Temas de todos los tiempos.
   – Se comprende lo que se ve.
   – Hay obras perfectas.

 PINTURA MODERNA
   – No se comprende fácilmente.
   – Todo el mundo puede hacerla.
   – No hay temas.

3. Llegar a un acuerdo con su amigo.

TAREA 1 Ejercicio 103

⌛ HORA DE INICIO ___:___

Instrucciones

Lea los siete enunciados y los diez textos. Seleccione el texto (A-J) que corresponde a cada enunciado (1-7).

Hay once textos, incluido el ejemplo. Seleccione siete.

Marque las opciones elegidas en la **Hoja de respuestas.**

Ejemplo:

TEXTO K

No se permite la entrada a la sala si el concierto ha empezado.

La opción correcta es la **K.**

A B C D E F G H I J K

0. ☐ ☐ ☐ ☐ ☐ ☐ ☐ ☐ ☐ ☐ ■

	ENUNCIADOS	TEXTOS
0.	Hay que ser puntual.	K
1.	Es peligroso para los pequeños.	
2.	No se puede hacer en algunos lugares.	
3.	El horario es diferente el fin de semana.	
4.	Si está buscando trabajo.	
5.	No se puede pasar con algunos objetos.	
6.	Hay que pagar en efectivo.	
7.	Se puede vivir allí.	

TEXTO A

Deje su paraguas

junto al mueble

de la entrada.

TEXTO B

Envíen por correo

su currículo

para el puesto

de auxiliar administrativo.

TEXTO C

Se alquila

piso amueblado

en buen estado.

TEXTO D

No se aceptan

tarjetas de crédito

ni cheques.

Disculpen las molestias.

TEXTO E

Este producto

es un medicamento.

Póngalo fuera del alcance

y de la vista de los niños.

TEXTO F

Tarjeta Mercabona,

la tarjeta de toda confianza.

La forma más sencilla,

cómoda y segura

de pagar las compras de cada día.

TEXTO G

Abrimos

de lunes a viernes

de 8:00 a 23:00.

Sábados de 10:00 a 20:00.

Domingos de 10:00 a 15:00.

TEXTO H

¿Buscas un ordenador portátil?

Tenemos el que buscas

a 18 meses, sin intereses,

por un precio muy económico:

16,61 €/mes.

TEXTO I

**Para recibir cada semana
nuestra revista,
introduce aquí tu dirección
de correo electrónico.**

TEXTO J

Prohibido hacer fotos

en las salas

donde se exponen

los cuadros de Goya.

 **HORA DE FINALIZACIÓN** ___:___

COMPRENSIÓN DE LECTURA

TAREA 2 Ejercicio 104

⏳ HORA DE INICIO ___:___

Instrucciones

Lea el correo electrónico que Merche ha escrito a un centro educativo. A continuación, responda a las preguntas (8-12). Elija la respuesta correcta (A, B o C).

Marque las opciones elegidas en la **Hoja de respuestas.**

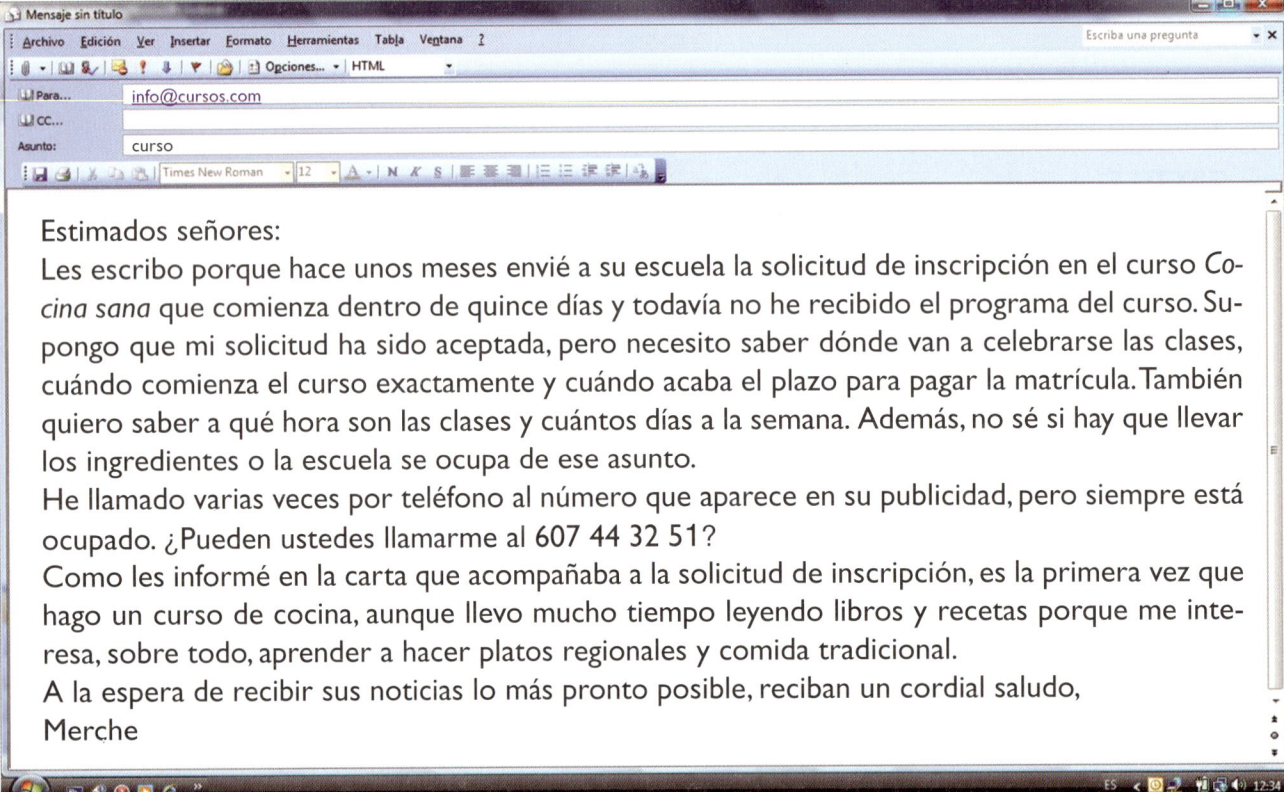

Para... info@cursos.com
CC...
Asunto: curso

Estimados señores:

Les escribo porque hace unos meses envié a su escuela la solicitud de inscripción en el curso *Cocina sana* que comienza dentro de quince días y todavía no he recibido el programa del curso. Supongo que mi solicitud ha sido aceptada, pero necesito saber dónde van a celebrarse las clases, cuándo comienza el curso exactamente y cuándo acaba el plazo para pagar la matrícula. También quiero saber a qué hora son las clases y cuántos días a la semana. Además, no sé si hay que llevar los ingredientes o la escuela se ocupa de ese asunto.

He llamado varias veces por teléfono al número que aparece en su publicidad, pero siempre está ocupado. ¿Pueden ustedes llamarme al 607 44 32 51?

Como les informé en la carta que acompañaba a la solicitud de inscripción, es la primera vez que hago un curso de cocina, aunque llevo mucho tiempo leyendo libros y recetas porque me interesa, sobre todo, aprender a hacer platos regionales y comida tradicional.

A la espera de recibir sus noticias lo más pronto posible, reciban un cordial saludo,

Merche

Preguntas

8. Merche escribe este correo para…
    A) pedir recetas de cocina.
    B) matricularse en un curso.
    C) saber las fechas del curso.

9. Según este correo, Merche…
    A) no ha pagado la matrícula.
    B) no tiene la dirección del centro.
    C) no sabe nada de cocina.

10. Para recibir información, Merche propone…
    A) contestar este correo.
    B) llamarla por teléfono.
    C) enviarle una carta.

11. Antes de este curso, Merche…
    A) ha asistido a otros cursos.
    B) ha coleccionado recetas.
    C) ha leído libros de cocina.

12. Según el texto,…
    A) la solicitud de Merche fue aceptada.
    B) este curso empieza dentro de dos semanas.
    C) el alumno debe llevar los ingredientes.

⏳ HORA DE FINALIZACIÓN ___:___

COMPRENSIÓN DE LECTURA

⏳ HORA DE INICIO ___:___

Instrucciones

Usted va a leer seis anuncios. A continuación, responda a las preguntas (13-18). Seleccione la opción correcta (A, B o C).
Marque las opciones elegidas en la **Hoja de respuestas.**

Ejemplo:

TEXTO 0

Estudia con FFF y consigue tu diploma de Técnico Superior de Secretariado sin salir de casa y con una formación profesional de calidad.

0. En este anuncio…
    A) buscan secretarios para una empresa.
    B) ofrecen trabajo en varias ciudades.
    C) proponen estudiar desde casa.

La opción correcta es la **C.**

    A   B   C

0. ☐ ☐ ■

TEXTO 1

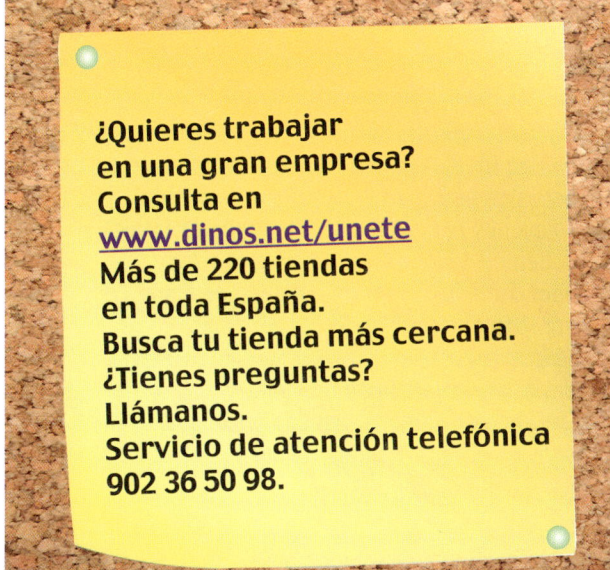

¿Quieres trabajar
en una gran empresa?
Consulta en
www.dinos.net/unete
Más de 220 tiendas
en toda España.
Busca tu tienda más cercana.
¿Tienes preguntas?
Llámanos.
Servicio de atención telefónica
902 36 50 98.

TEXTO 2

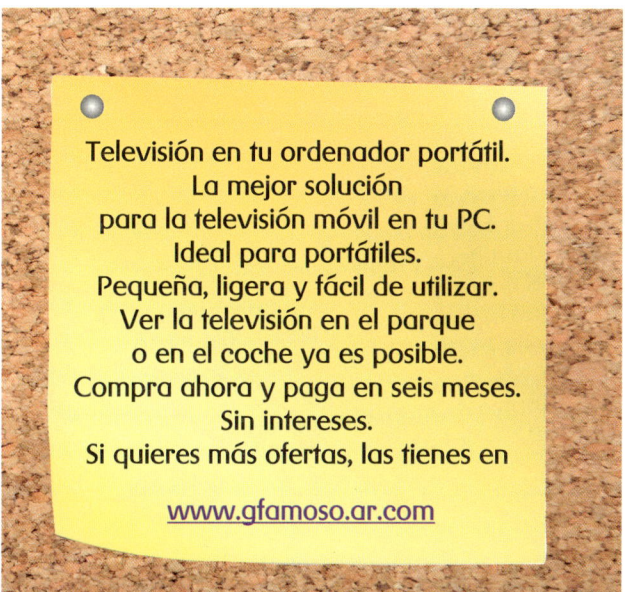

Televisión en tu ordenador portátil.
La mejor solución
para la televisión móvil en tu PC.
Ideal para portátiles.
Pequeña, ligera y fácil de utilizar.
Ver la televisión en el parque
o en el coche ya es posible.
Compra ahora y paga en seis meses.
Sin intereses.
Si quieres más ofertas, las tienes en

www.gfamoso.ar.com

13. La cadena Dinos…
    A) quiere tener más trabajadores.
    B) tiene tiendas en varios países.
    C) sirve sus productos por teléfono.

14. Con este producto…
    A) se paga un año y medio después de comprarlo.
    B) hay que conectarse a Internet para ver la televisión.
    C) se puede ver la televisión en muchos lugares.

TEXTO 3

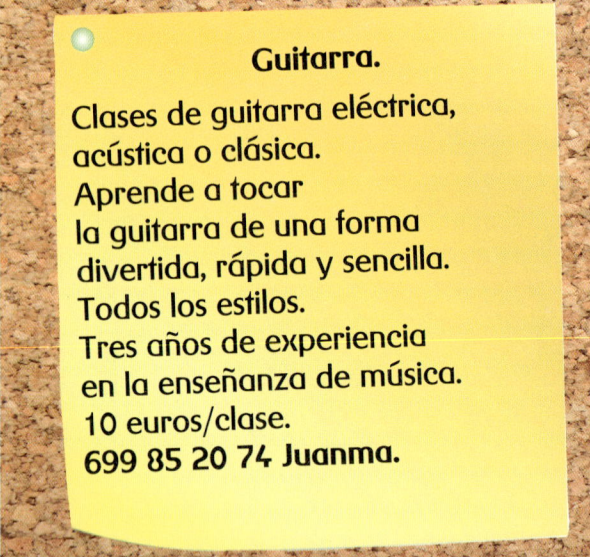

Guitarra.

Clases de guitarra eléctrica, acústica o clásica.
Aprende a tocar la guitarra de una forma divertida, rápida y sencilla.
Todos los estilos.
Tres años de experiencia en la enseñanza de música.
10 euros/clase.
699 85 20 74 Juanma.

15. Según este anuncio…

A) los cursos duran varios años.

B) se aprende a tocar un instrumento.

C) el profesor estudió en la universidad.

TEXTO 4

Se alquila una habitación.
Grande, para pareja o persona sola en la zona centro, junto al Mercado Central, frente a la parada de taxis de la Plaza de Toros y muy cerca del Ayuntamiento.
Segundo piso con ascensor, muy amplio y luminoso, con todas las comodidades.
Llamar al teléfono
645 900 638.

16. La habitación de este anuncio…

A) se alquila a una o dos personas.

B) está en la última planta.

C) tiene vistas al mercado.

TEXTO 5

Metro de Madrid.
Horario de servicio de 6:00 a 1:30, todos los días del año, laborales o festivos, para todas las estaciones.
Horario de bicicletas: sábados, domingos y festivos durante todo el horario de servicio. Laborables (de lunes a viernes) de 10:00 a 12:30 y de 21:00 hasta el cierre de servicio.
www.metromadrid.es
Centro de Atención al Cliente
902 44 44 03.

Metro

17. El Metro de Madrid…

A) algunas estaciones abren a las 10:00 de la mañana.

B) se puede viajar con bicicleta todos los días.

C) los días de fiesta cierra a las 9:00 de la noche.

TEXTO 6

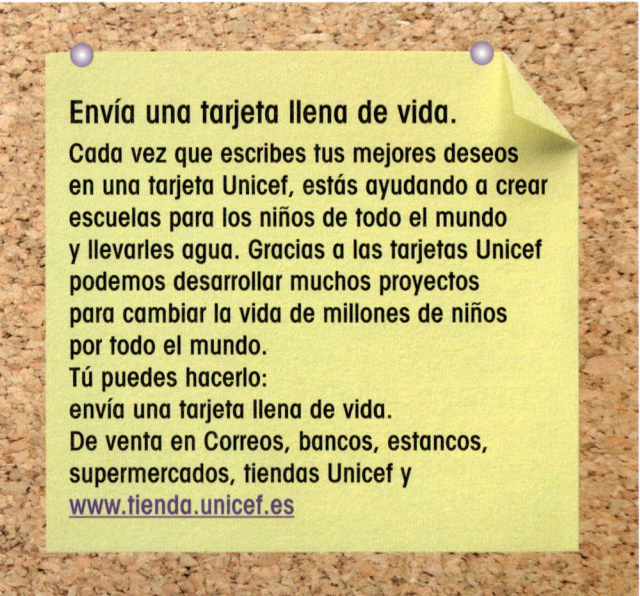

Envía una tarjeta llena de vida.
Cada vez que escribes tus mejores deseos en una tarjeta Unicef, estás ayudando a crear escuelas para los niños de todo el mundo y llevarles agua. Gracias a las tarjetas Unicef podemos desarrollar muchos proyectos para cambiar la vida de millones de niños por todo el mundo.
Tú puedes hacerlo:
envía una tarjeta llena de vida.
De venta en Correos, bancos, estancos, supermercados, tiendas Unicef y
www.tienda.unicef.es

18. Las tarjetas de Unicef…

A) se pueden comprar en centros culturales.

B) ayudan a los niños a estudiar en otros países.

C) están escritas en diferentes idiomas.

 **HORA DE FINALIZACIÓN** ___:___

COMPRENSIÓN DE LECTURA

⌛ HORA DE INICIO ___:___

Instrucciones

Lea los siete enunciados y los diez textos de estas fiestas españolas. A continuación, seleccione el texto (A-J) que corresponde a cada enunciado (19-24).

Hay diez textos, incluido el ejemplo. Seleccione seis.

Marque las opciones elegidas en la **Hoja de respuestas.**

Ejemplo:

0. A un famoso escritor le gustaban.

La opción correcta es la **A.**

A B C D E F G H I J

0. ■ □ □ □ □ □ □ □ □ □

ENUNCIADOS		TEXTOS
0.	A un famoso escritor le gustaban.	A
19.	Un producto del campo es necesario.	
20.	Corren unos animales cerca del mar.	
21.	Se realiza en varias localidades.	
22.	Visten ropas tradicionales.	
23.	Se celebra en el agua.	
24.	Se pueden comprar objetos de otra época.	

FIESTAS ESPAÑOLAS

A. Los Sanfermines

El 7 de julio la ciudad de Pamplona se convierte en la capital internacional de la fiesta con la celebración de sus famosos Sanfermines. Sus encierros taurinos encantaron al escritor estadounidense Ernest Hemingway.

B. Descenso del Sella

La prueba de piragüismo que se celebra en el río Sella es un motivo ideal para concentrar a miles de personas que quieren disfrutar de una de las fiestas más divertidas de España.

C. La Tomatina

Una gran batalla en la que muchísimas personas se lanzan miles y miles de tomates. Desde 1945 esta fiesta se celebra cada 29 de agosto en el pueblo valenciano de Buñol.

D. Feira Franca

Cada primer fin de semana de septiembre, Pontevedra se transforma en una máquina del tiempo capaz de llevar al visitante a la Edad Media. Mercados, juegos y exhibiciones llenan la ciudad gallega.

E. Carreras de caballos de Sanlúcar

Con el magnífico escenario de sus playas, en Sanlúcar de Barrameda se celebran las carreras de caballos más antiguas de España.

F. La Mercè

En torno al 24 de septiembre, un espectáculo cultural lleno de agradables sorpresas, como el importante festival de música que todos los años se celebra en una antigua fábrica de cerveza.

G. La Verbena de la Paloma

Se celebra cada año el 15 de agosto. Los madrileños suelen vestirse con el traje típico. Por esas fechas se baila la música tradicional y en muchos lugares se venden churros, el dulce más típico de Madrid.

H. La fiesta de Moros y Cristianos

Se celebra en distintas ciudades y pueblos y es una de las fiestas de más tradición en toda España. La música siempre ha acompañado a esta fiesta.

I. La Semana Santa

Se celebra con la salida a la calle de procesiones. En cada procesión suelen sacar a la calle imágenes religiosas. Es un momento especial en el inicio de la primavera.

J. El Carnaval de Cádiz

El mes de carnaval es el más esperado por los habitantes de Cádiz, que esperan todo el año para disfrazarse con trajes que preparan durante meses. Durante diez días, toda la ciudad es una fiesta, pero, sobre todo, los barrios del casco histórico.

(Adaptado de "Let's fiesta!". *Babylon Magazine*. Número 9. Julio-agosto 2009. Pág. 30).

⏳ **HORA DE FINALIZACIÓN** ___:___

COMPRENSIÓN DE LECTURA

TAREA 5 Ejercicio 107

⏳ **HORA DE INICIO** ___:___

Instrucciones

Va a leer una biografía de la historiadora del arte Nieves Fernández. A continuación, conteste a las preguntas (25-30). Seleccione la opción correcta (A, B o C).

Marque las opciones elegidas en la **Hoja de respuestas.**

El pintor catalán Antonio Tàpies le dio el mejor consejo de su vida. Cuando Nieves Fernández quería abrir su galería de arte, él le enseñó el camino que tenía que seguir. Nieves Fernández (San Sebastián, 1946) lo recuerda ahora que acaba de cumplir treinta años haciendo lo que más le gusta: coleccionar obras de arte y mostrarlas.

Aquella chica vasca, guapa y tímida, que estudió Empresariales y que gastó su primer sueldo en un dibujo de Antonio Tàpies es una mujer con un nombre y un lugar propios en el mundo del arte. Por su galería madrileña han pasado, en este cuarto de siglo, grandes artistas contemporáneos, como el escultor Eduardo Chillida, el pintor Palazuelo, Equipo Crónica, entre otros, y esta mujer alta, delgada y morena sigue teniendo la misma ilusión que cuando empezó en la galería-librería Yerba de Murcia con una colección de libros, *Arquilectura,* sobre arte y arquitectura, con un catálogo de nombres entre los que figuraban Gaudí, Mondrian o Le Corbusier.

En estos meses de aniversario recuerda aquellos tiempos en los que organizó exposiciones con títulos que muestran sus temas más queridos: *Museo de la Resistencia, Salvador Allende* o *Cuba, su cine, libros y carteles.*

A principios de los años ochenta, el pintor Lucio Muñoz le presentó al ministro de Hacienda, Francisco Fernández Ordóñez y este le pidió organizar las exposiciones en el Banco Exterior.

Entonces fue cuando encontró a Luis Fernández (Oviedo, 1900 - París, 1973), un artista casi desconocido en España, exiliado en Francia, amigo de Picasso, con una producción muy pequeña. Nieves buscó las obras del artista y trajo varios cuadros a España. La exposición fue un éxito. De aquella época recuerda las peticiones del escritor Gabriel García Márquez, que escribió el texto para el catálogo de una exposición sobre pintura colombiana. El premio Nobel pidió rosas amarillas por todas partes, porque es un aficionado a ese color. Trabajó también para la colección de arte de Telefónica y allí compró obras de Juan Gris y otros artistas españoles que tenían todas sus obras en galerías extranjeras. De Madrid a París viajó a menudo para buscar lo mejor de esa obra española que se encontraba por todo el mundo.

Con Eduardo Chillida mantuvo toda su vida una relación muy estrecha, que se ilustra con historias y anécdotas de todo tipo. Ahora está preparando a quienes van a dirigir su galería en el futuro. "Tengo tres hijas que han estudiado para dedicarse al mercado del arte. Los artistas las han visto crecer y creen en su trabajo. Hay muchos coleccionistas a los que les gusta regalar obras de artistas jóvenes a sus clientes y por eso el arte español se conoce en todo el mundo".

(Adaptado de "Año de Nieves". *El País Semanal.*
Número 1601. 3 de junio de 2007. Pág. 27-30).

Preguntas

25. El texto habla de…
    A) los viajes de una artista por todo el mundo.
    B) la obra artística de una famosa pintora vasca.
    C) la vida profesional de una vendedora de arte.

26. Nieves nació en…
    A) la Región de Murcia.
    B) una provincia vasca.
    C) la Comunidad de Madrid.

27. Según el texto…
    A) los coleccionistas no conocen a los jóvenes.
    B) Nieves acaba de cumplir treinta años.
    C) a García Márquez le encanta el amarillo.

28. Nieves fue amiga de…
    A) un escritor.
    B) un escultor.
    C) un arquitecto.

29. Nieves se dedica al mundo del arte desde hace…
    A) medio siglo.
    B) tres décadas.
    C) veinte años.

30. Nieves conoció a Francisco Fernández…
    A) gracias al pintor Lucio Muñoz.
    B) porque los presentó un ministro.
    C) cuando organizaba una exposición.

⧗ **HORA DE FINALIZACIÓN** ___:___

TAREA 1 Ejercicio 108 - Pista 36 ⊙♪

⧗ **HORA DE INICIO** ___:___

Instrucciones

Usted va a escuchar siete anuncios de radio. Los anuncios se repiten dos veces. Seleccione la opción correcta (A, B o C) para cada pregunta sobre los anuncios.

Marque las opciones seleccionadas en la **Hoja de respuestas.**

A continuación va a oír un ejemplo:

0. Este anuncio es para los hijos jóvenes que…
    A) han sido expulsados de la casa de sus padres.
    B) quieren quedarse en casa de sus padres a vivir.
    C) van a cenar a menudo a casa de sus padres.

La opción correcta es la **C.**

   A B C
0. ☐ ☐ ■

1. En *Las razones de la vida* se cuenta…
    A) el origen de una enfermedad.
    B) el amor que cura a una enferma.
    C) la vida de un médico enfermo.

2. El tren es el mejor medio de transporte para…
    A) disfrutar de la cafetería.
    B) poder viajar con niños.
    C) encontrar información.

3. En este anuncio se vende…
    A) una entrada para un concierto en el Polideportivo de Cacabelos.
    B) el vídeo sobre la vida de Augusto Ermitas.
    C) la grabación del último concierto de Augusto Ermitas este año.

4. Vida Sana…
    A) contiene grasas animales.
    B) es un producto para jóvenes.
    C) se vende en las farmacias.

5. Según esta previsión meteorológica, en las islas Canarias…
    A) va a llover por la noche.
    B) el viento va a ser fuerte.
    C) va a haber tormentas.

6. En la tienda Hiperprecio se ofrece…
    A) el precio más bajo en unos trescientos cincuenta productos.
    B) un descuento en más de mil artículos.
    C) un 25% de ahorro en algunos alimentos.

7. El restaurante de Sergio Escarola se caracteriza por…
    A) una amplia variedad de platos.
    B) una selección de buenos vinos.
    C) un espacio decorado con gusto.

⧗ **HORA DE FINALIZACIÓN** ___:___

⏳ **HORA DE INICIO** ___:___

Instrucciones

Va a escuchar un programa informativo de radio. Escuchará el programa dos veces. Seleccione la opción correcta (A, B o C) para cada pregunta.

Marque las opciones elegidas en la **Hoja de respuestas.**

Ahora tiene 35 segundos para leer las preguntas.

Preguntas

8. El informativo que ha escuchado es de carácter…
    A) internacional.
    B) nacional.
    C) local.

9. El centro de salud…
    A) se ha inaugurado esta mañana.
    B) se va a construir próximamente.
    C) está en una escuela infantil.

10. Los niños de la Escuela de Verano…
    A) han hecho una visita al museo.
    B) han pintado sus cuadros en la calle.
    C) han jugado con obras de arte.

11. En el Centro de Información y Comunicación…
    A) se puede buscar trabajo.
    B) es gratis navegar por Internet.
    C) se han hecho cursos de formación.

12. En la final del torneo de fútbol sala…
    A) participó el Recreativo de Úbeda.
    B) hubo más de dos mil espectadores.
    C) los equipos no marcaron ningún gol.

13. La información meteorológica se hace…
    A) antes de la publicidad.
    B) después de la publicidad.
    C) después del informativo.

⏳ **HORA DE FINALIZACIÓN** ___:___

COMPRENSIÓN AUDITIVA

TAREA 3 Ejercicio 110 - Pista 38 ⊙♫

⌛ **HORA DE INICIO** ___:___

Instrucciones

Usted va a escuchar siete mensajes. Escuchará cada mensaje dos veces. Seleccione el enunciado (A-J) que corresponde a cada mensaje (14-19).

Hay diez enunciados, incluido el ejemplo. Seleccione seis.

Marque las opciones elegidas en la **Hoja de respuestas.**

Escuche ahora el ejemplo:

Mensaje 0

La opción correcta es la **D.**

A B C D E F G H I J

0. ☐ ☐ ☐ ■ ☐ ☐ ☐ ☐ ☐ ☐

Ahora tiene 25 segundos para leer los enunciados.

ENUNCIADOS	
A.	Para aparcar el coche.
B.	Enseña a decorar la casa.
C.	Los nuevos alumnos pagan la mitad.
D.	Ofrecen trabajo.
E.	Lectura para todo el año.
F.	Para hacer un regalo estas fiestas.
G.	Para aprender salsa y tango.
H.	Para salir a cenar con amigos.
I.	El curso es gratis.
J.	No hay que comprar nada.

	MENSAJES	ENUNCIADOS
	Mensaje 0	D
14.	Mensaje 1	
15.	Mensaje 2	
16.	Mensaje 3	
17.	Mensaje 4	
18.	Mensaje 5	
19.	Mensaje 6	

⌛ **HORA DE FINALIZACIÓN** ___:___

⏳ **HORA DE INICIO** ___:____

Instrucciones

Usted va a escuchar una conversación telefónica entre una policía y una persona que ha sufrido un robo. Escuchará la conversación dos veces. Lea las preguntas (20-25) y seleccione la opción correcta (A, B o C) para cada pregunta.

Marque las opciones elegidas en la **Hoja de respuestas.**

Ahora tiene 35 segundos para leer las preguntas.

Preguntas

20. A Salvador Linares, le han robado…

A)   B)   C)

21. El ladrón…
    A) es alto y moreno.
    B) lleva pelo largo.
    C) tiene barba.

22. Salvador Linares, en el momento del robo,…
    A) fumaba un cigarro.
    B) hablaba por teléfono.
    C) estaba solo.

23. La comisaría de policía está…
    A) en la plaza de la Constitución.
    B) cerca del museo.
    C) detrás de la calle Miguel Ángel.

24. Salvador Linares, después de llamar por teléfono, va…
    A) al trabajo.
    B) a la comisaría.
    C) a ver a sus amigos.

25. La comisaría de policía…
    A) está en la calle del Tabaco.
    B) está abierta a mediodía.
    C) tiene fotografías del robo.

⏳ **HORA DE FINALIZACIÓN** ___:____

COMPRENSIÓN AUDITIVA

TAREA 5 Ejercicio 112 - Pista 40 ⊙♫

⏳ **HORA DE INICIO** ___:____

Instrucciones

Usted va a escuchar a dos personas, Manuel y Elvira, hablando sobre sus compras. Oirá la conversación dos veces. Seleccione la imagen (A-H) que corresponde a cada enunciado (26-30).

Hay ocho imágenes. Seleccione cinco.

Marque las opciones elegidas en la **Hoja de respuestas.**

Ahora tiene 15 segundos para leer los enunciados.

ENUNCIADOS		IMÁGENES
26.	Lugar de la conversación.	
27.	Manuel tiene mañana.	
28.	Elvira quiere comprar.	
29.	Manuel y su mujer han comprado.	
30.	Elvira este fin de semana.	

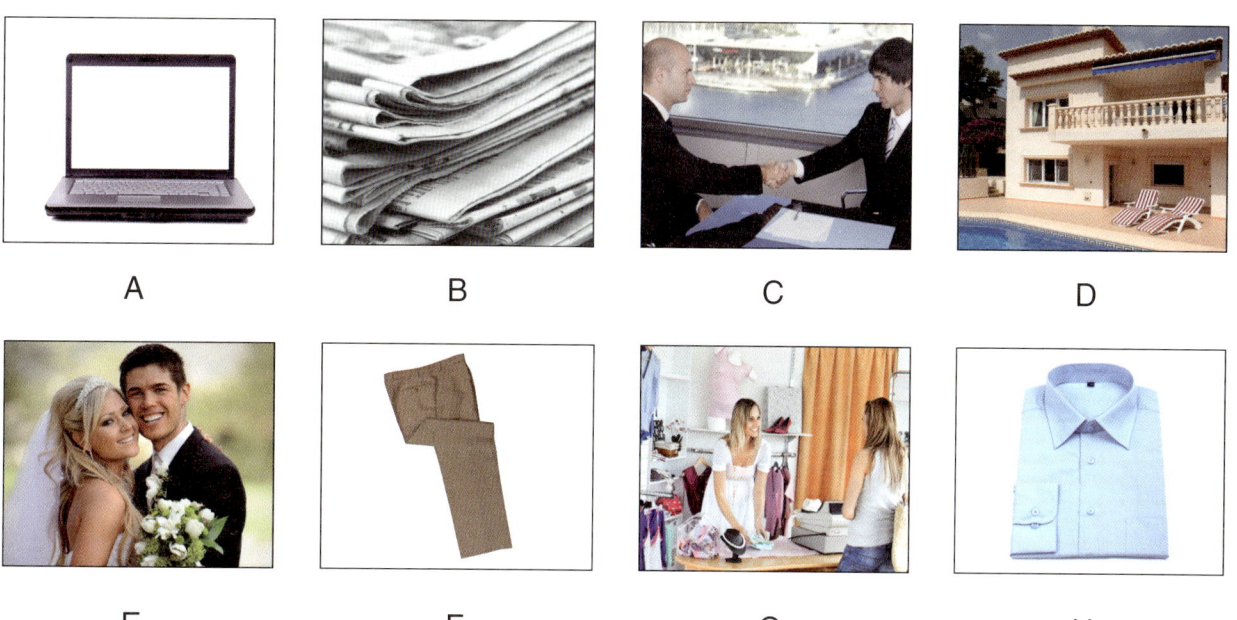

A   B   C   D

E   F   G   H

⏳ **HORA DE FINALIZACIÓN** ___:____

EXPRESIÓN E INTERACCIÓN ESCRITAS

TAREA 1 Ejercicio 113

⧗ **HORA DE INICIO** ___:___

Instrucciones

Usted quiere escribir en un *blog* sobre la última película que ha visto. Cuente con quién la vio, cuándo y dónde. En el mensaje debe:
- contar la historia de la película;
- describir cómo son y qué les pasa a los personajes;
- explicar por qué le gustó.

Número de palabras: entre 30 y 40.

Mi vida

MARTES, 12 DE ABRIL DE 2013

Película maravillosa

MI PERFIL EN FACEBOOK

VISITANTES

CONTADOR DE VISITAS

ARCHIVOS BLOG
- **2012 (318)**
  La última novela
  Cumpleaños
  Una historia increíble
  La entrevista de trabajo
  Un día de excursión
  La publicidad
  Enfermo, en casa
  Monumento
  Lluvia y viento

Publicado por enClave-ELE en 02:44  0

⧗ **HORA DE FINALIZACIÓN** ___:___

EXPRESIÓN E INTERACCIÓN ESCRITAS

TAREA 2 Ejercicio 114

⏳ HORA DE INICIO ___:___

Instrucciones

Usted solicita información sobre estudios. Escriba una carta a una universidad o a un centro de estudios. En ella debe:

- explicar qué estudios ha realizado;
- indicar qué estudios desea seguir;
- preguntar por las posibilidades de alojamiento.

No olvide saludar y despedirse.

Número de palabras: entre 70 y 80.

CARTA DE SOLICITUD

Estimados señores:

_____
_____
_____
_____
_____
_____
_____
_____
_____
_____
_____
_____
_____
_____
_____
_____
_____
_____
_____
_____
_____
_____

⏳ HORA DE FINALIZACIÓN ___:___

EXPRESIÓN E INTERACCIÓN ESCRITAS

TAREA 3 Ejercicio 115

⏳ **HORA DE INICIO** ___:___

Instrucciones

Aquí le presentamos algunos datos y fotografías de la fiesta que ha organizado Fernando. Escriba la historia de la fiesta. Usted tiene que comentar:

– dónde la celebró;

– con quién;

– qué hizo, cómo celebró la fiesta.

Número de palabras: entre 70 y 80.

DATOS

• Celebración: cumpleaños de Fernando

• Fecha: 30/8/2013

• Edad: 18

• Lugar: cafetería El Ratón

⏳ **HORA DE FINALIZACIÓN** ___:___

EXPRESIÓN E INTERACCIÓN ORALES

TAREA 1 Ejercicio 116

MONÓLOGO

Instrucciones

Usted tiene que hablar ante el entrevistador sobre LAS FORMAS DE COMUNICACIÓN durante 3 o 4 minutos. Elija uno de los aspectos que se le proponen.

TELÉFONO FIJO

– ¿Le gusta hablar por teléfono? ¿Por qué?
– ¿Tiene teléfono fijo en casa? ¿En qué habitación está?
– ¿Con qué frecuencia habla por teléfono? ¿A qué hora? ¿Con quién?
– ¿Cuánto dura cada llamada? ¿De qué habla?
– ¿Cuánto dinero gasta al mes en teléfono?
– ¿Cuándo fue la última vez que usó el teléfono fijo? ¿Con quién habló? ¿Durante cuánto tiempo?

TELÉFONO MÓVIL

– ¿Tiene teléfono móvil? ¿Lo considera necesario?
– ¿Con qué frecuencia utiliza el teléfono móvil? ¿Con quién habla? ¿A qué hora?
– ¿Manda mensajes SMS? ¿Lee el correo desde su móvil? ¿Consulta Internet desde su móvil?
– ¿Cuánto dinero gasta al mes en teléfono móvil? ¿Tiene alguna tarifa especial?
– ¿Cuándo utilizó el móvil por última vez? ¿Con quién habló? ¿Para qué?
– ¿Cuándo ha mandado un SMS por última vez? ¿A quién se lo ha enviado? ¿Para qué?

LAS FORMAS DE COMUNICACIÓN

CARTAS

– ¿Le gusta escribir o recibir cartas? ¿Por qué?
– ¿Con qué frecuencia escribe cartas?
– ¿Escribe a mano o utiliza el ordenador?
– ¿Cuánto dinero cuesta enviar una carta en su país? ¿Cuánto tiempo tarda en llegar?
– ¿Prefiere enviar una carta o escribir un mensaje de correo electrónico? ¿Por qué?
– ¿Cuándo escribió una carta por última vez? ¿A quién se la envió? ¿Cuándo recibió una carta por última vez? ¿Quién se la envió?

CORREO ELECTRÓNICO

– ¿Le gusta utilizar el correo electrónico? ¿Por qué?
– ¿Tiene dirección de correo electrónico? ¿Desde cuándo la tiene?
– ¿Con qué frecuencia utiliza el correo electrónico? ¿En qué lugar lo utiliza? ¿A quién le manda mensajes?
– ¿Qué prefiere escribir cartas o correos electrónicos?
– ¿Cuál es el último mensaje de correo electrónico que ha escrito? ¿A quién se lo ha escrito? ¿Desde dónde?

CHAT Y REDES SOCIALES

– ¿Le gusta chatear? ¿Por qué?
– ¿Está en alguna red social? ¿Por qué? ¿Cuántos amigos tiene?
– ¿Con qué frecuencia chatea? ¿Con quién? ¿A qué hora?
– ¿Con qué frecuencia entra en su red social? ¿Con qué frecuencia la actualiza?
– ¿Tiene algún nombre especial para chatear? ¿Por qué lo eligió?
– ¿Cuándo ha chateado por último vez? ¿Con quién?

Instrucciones

Usted tiene que hablar ante el entrevistador sobre LAS RELACIONES SOCIALES durante 3 o 4 minutos. Elija uno de los aspectos que se le proponen.

FAMILIA

– ¿Cómo es su familia? ¿Tiene hermanos? ¿A qué se dedican?

– ¿Dónde vive su familia? ¿Y usted? ¿Vive cerca de su familia?

– ¿Ve con frecuencia a su familia? ¿Cuándo? ¿Qué suele hacer con ellos?

– ¿Tiene alguna relación especial con alguna persona de su familia?

– ¿Hay alguna reunión o celebración en su familia? ¿Qué celebran? ¿Cuándo?

– ¿Cuándo ha sido la última vez que ha estado con su familia? ¿Por qué?

AMIGOS

– ¿Tiene muchos amigos?

– ¿Los ve mucho? ¿Qué hace cuando está con ellos?

– ¿Cómo conoció a sus amigos? ¿Cuándo? ¿Dónde?

– ¿Ha conocido a algún amigo a través de Internet? ¿Participa en algún grupo o red social?

– ¿Cómo se comunica con sus amigos (teléfono, carta, Internet…)? ¿Con qué frecuencia?

– ¿Tiene algún amigo en el extranjero? ¿Dónde? ¿Qué hace allí?

LAS RELACIONES SOCIALES

VECINOS

– ¿Tiene vecinos? ¿Tiene relación con ellos? ¿De qué tipo?

– ¿Suele ir a casa de sus vecinos? ¿Cuándo? ¿Por qué?

– ¿Cuándo ve a sus vecinos? ¿Dónde?

– ¿Habla con sus vecinos? ¿De qué hablan?

– ¿Qué es lo que más le gusta de tener vecinos? ¿Y lo que menos?

– ¿Hay algún vecino con quien tenga alguna relación especial? ¿Por qué? ¿Cuándo lo conoció?

COMPAÑEROS DE TRABAJO

– ¿Tiene compañeros de trabajo? ¿Tiene relación con ellos? ¿De qué tipo?

– ¿Cuántas horas pasa al día con sus compañeros de trabajo? ¿Come con ellos?

– ¿Suele quedar con ellos fuera del trabajo? ¿Con qué frecuencia? ¿Qué hacen?

– ¿Desde cuándo conoce a sus compañeros de trabajo?

– ¿Tiene alguna relación especial con algún compañero de trabajo? ¿Por qué?

– ¿Cuándo es la última vez que ha estado con algún compañero de trabajo fuera del trabajo?

PAREJA

– ¿Tiene pareja? ¿Desde cuándo?

– ¿Cómo conoció a su pareja? ¿Dónde? ¿Cuándo?

– ¿Cómo es su pareja? ¿De dónde es? ¿A qué se dedica?

– ¿Qué es lo que más le gusta de su pareja? ¿Qué no le gusta?

– ¿Cuándo ve a su pareja? ¿Dónde? ¿Qué hacen juntos?

– ¿Cómo es la familia de su pareja? ¿Con qué frecuencia ve a la familia de su pareja?

EXPRESIÓN E INTERACCIÓN ORALES

TAREA 2 Ejercicio 117

DESCRIPCIÓN DE UNA IMAGEN

Instrucciones

Describa la imagen: el lugar, las personas, los objetos y las acciones.

Debe hablar sobre las características físicas de las personas y sobre su ropa o sobre las cosas que llevan.

Usted debe hablar durante 2 o 3 minutos.

EXPRESIÓN E INTERACCIÓN ORALES

DIÁLOGO CON EL ENTREVISTADOR

Instrucciones

Usted debe imaginar que está en una farmacia buscando una medicina para un dolor. Tiene que hablar con el dependiente y pedirle ayuda para encontrar la medicina que necesita. El entrevistador es el dependiente de la farmacia.

Modelo de conversación

1. Inicio

ENTREVISTADOR: SALUDO

–Hola, buenos días / buenas tardes.

CANDIDATO: SALUDO

–Hola, buenos días / buenas tardes.

ENTREVISTADOR: PREGUNTA INICIAL

–¿Qué desea? ¿En qué puedo ayudarle?

CANDIDATO:

–Estoy buscando una medicina.

2. Fase de desarrollo

ENTREVISTADOR: INFORMACIÓN, SÍNTOMAS

–¿Qué le pasa?

CANDIDATO:

–Me duele la cabeza, el estómago.

ENTREVISTADOR:

–¿Por qué cree que le duele?

CANDIDATO:

–He dormido mal / hace mucho frío / he comido mucho / estoy resfriado…

ENTREVISTADOR:

–Tome estas pastillas e intente dormir más. Si sigue el dolor, debe ir al médico.

CANDIDATO:

–¿Cuántas pastillas debo tomar al día?

ENTREVISTADOR :

–Tres, una cada ocho horas.

CANDIDATO:

––¿Durante cuánto tiempo?

ENTREVISTADOR:

–Durante una semana.

CANDIDATO:

–Muy bien…

3. Despedida y cierre

ENTREVISTADOR:

–Que se mejore. Adiós, buenos días / buenas tardes.

CANDIDATO:

–Gracias. Adiós, buenos días / buenas tardes.

EXPRESIÓN E INTERACCIÓN ORALES   TAREA 4 Ejercicio 119

CONVERSACIÓN CON EL ENTREVISTADOR

Instrucciones

Usted deberá conversar con el entrevistador durante 3 o 4 minutos siguiendo la información que hay en su ficha.

FICHA A: ENTREVISTADOR

Usted va a pasar la tarde con un amigo. Él le propone escuchar la radio, pero a usted le apetece ver la televisión.

Debe:

1. Decir a su amigo que quiere ver la televisión.
2. Explicar por qué quiere ver la televisión.

VER LA TELEVISIÓN – Se ven imágenes. – Hay canales temáticos. – Hay movimiento, color y se puede poner cara a la gente.	ESCUCHAR LA RADIO – Solo se escucha la voz. – No hay películas. – No se oye bien en algunos lugares.

3. Llegar a un acuerdo con su amigo.

FICHA B: CANDIDATO

Usted va a pasar la tarde con un amigo. Él o ella le propone ver la televisión, pero a usted le apetece escuchar la radio.

Debe:

1. Decir a su amigo que quiere escuchar la radio.
2. Explicar por qué prefiere escuchar la radio.

ESCUCHAR LA RADIO – Se pueden hacer otras cosas cuando se oye. – Noticias cada hora y variedad de temas. – Permite la participación de los oyentes.	VER LA TELEVISIÓN – Es necesario mirarla. – Tiene mucha publicidad. – Los programas son de poca calidad.

3. Llegar a un acuerdo con su amigo.

COMPRENSIÓN DE LECTURA

⏳ HORA DE INICIO ___:___

Instrucciones

Lea los siete enunciados y los diez textos. Seleccione el texto (A-J) que corresponde a cada enunciado (1-7).

Hay once textos, incluido el ejemplo. Seleccione siete.

Marque las opciones elegidas en la **Hoja de respuestas.**

Ejemplo:

TEXTO K

Consumir preferentemente antes del 3 de marzo.

La opción correcta es la **K.**

A B C D E F G H I J K

0. ☐ ☐ ☐ ☐ ☐ ☐ ☐ ☐ ☐ ☐ ■

	ENUNCIADOS	TEXTOS
0.	Se tiene que beber antes de esa fecha.	K
1.	A partir de un precio se puede elegir.	
2.	Tiene el techo más bajo.	
3.	Sabe hacer diferentes trabajos.	
4.	Hay obras en la ciudad.	
5.	Hay que ir más despacio.	
6.	Para pedir más información.	
7.	Necesitan un trabajador.	

TEXTO A

Circule con cuidado,
si hay niebla.

TEXTO B

Cuidado
con la cabeza.
Altura máxima
1,85 m.

TEXTO C

Se puede pagar

en efectivo o con tarjeta

(si las compras

son superiores a 8 €).

TEXTO D

La calle Menacho
está cortada
por trabajos en el puente.
Por favor, entre
por la avenida de Europa.

TEXTO E

En caso de caer en los ojos,
lavarlos con mucha agua.
Este producto
no se puede comer.
Poner lejos de los niños.

TEXTO F

Si deseas conocer los actos interculturales
que se van a celebrar en España,
escribe al responsable del desarrollo
del Año Europeo
del Diálogo Intercultural
de tu país o visita la página oficial:
www.dialogue2009.eu

TEXTO G

Se busca

persona responsable

para cuidar

personas mayores.

TEXTO H

Prohibido entrar

con comida del exterior.

Solo se puede consumir

la bebida de este bar.

TEXTO I

No utilizar
este producto
sin hacer
un examen médico
48 horas antes.

TEXTO J

Se ofrece electricista
con conocimientos
en todo tipo
de electrodomésticos.

HORA DE FINALIZACIÓN ___:___

COMPRENSIÓN DE LECTURA

TAREA 2 Ejercicio 121

⏳ **HORA DE INICIO** ___:___

Instrucciones

Lea el correo electrónico que Raúl le ha escrito al señor Peral. A continuación, responda a las preguntas (8-12). Elija la respuesta correcta (A, B o C).

Marque las opciones elegidas en la **Hoja de respuestas.**

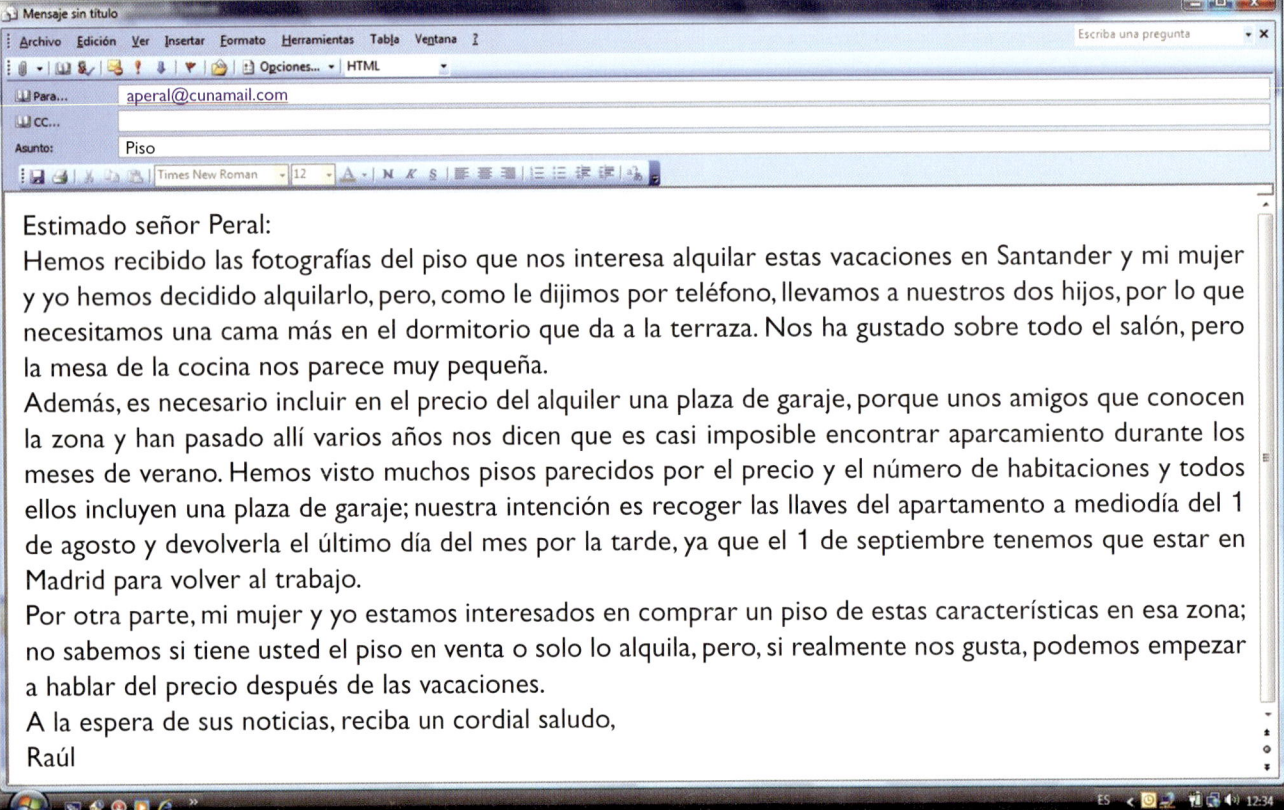

Para... aperal@cunamail.com
CC...
Asunto: Piso

Estimado señor Peral:

Hemos recibido las fotografías del piso que nos interesa alquilar estas vacaciones en Santander y mi mujer y yo hemos decidido alquilarlo, pero, como le dijimos por teléfono, llevamos a nuestros dos hijos, por lo que necesitamos una cama más en el dormitorio que da a la terraza. Nos ha gustado sobre todo el salón, pero la mesa de la cocina nos parece muy pequeña.

Además, es necesario incluir en el precio del alquiler una plaza de garaje, porque unos amigos que conocen la zona y han pasado allí varios años nos dicen que es casi imposible encontrar aparcamiento durante los meses de verano. Hemos visto muchos pisos parecidos por el precio y el número de habitaciones y todos ellos incluyen una plaza de garaje; nuestra intención es recoger las llaves del apartamento a mediodía del 1 de agosto y devolverla el último día del mes por la tarde, ya que el 1 de septiembre tenemos que estar en Madrid para volver al trabajo.

Por otra parte, mi mujer y yo estamos interesados en comprar un piso de estas características en esa zona; no sabemos si tiene usted el piso en venta o solo lo alquila, pero, si realmente nos gusta, podemos empezar a hablar del precio después de las vacaciones.

A la espera de sus noticias, reciba un cordial saludo,

Raúl

Preguntas

8. Raúl escribe este correo para…
   A) buscar una plaza de aparcamiento.
   B) agradecer las fotos recibidas.
   C) alquilar un piso en verano.

9. En Santander, durante el verano…
   A) es muy difícil aparcar el coche.
   B) es fácil tomar algo en la terraza.
   C) hay muchos atascos de tráfico.

10. Raúl…
   A) quiere comprar un coche.
   B) trabaja en septiembre.
   C) vuelve a Madrid el día 1.

11. Una de las habitaciones necesita…
   A) las llaves.
   B) una cama.
   C) una mesa.

12. Según este correo, Raúl y su mujer…
   A) van a llamar por teléfono al señor Peral.
   B) creen que la cocina es demasiado pequeña.
   C) quieren comprar un piso en Santander.

⏳ **HORA DE FINALIZACIÓN** ___:___

⏳ HORA DE INICIO ___ : ___

Instrucciones

Usted va a leer seis anuncios. A continuación, responda a las preguntas (13-18). Seleccione la opción correcta (A, B o C).

Marque las opciones elegidas en la **Hoja de respuestas.**

Ejemplo:

TEXTO 0

> Aquí lo tienes todo. Centro comercial Moda Castellana. Artículos de moda, complementos, restauración, decoración, regalos, ropa para niños, joyerías y exposiciones. Ven a verlo tú mismo en General Perón, 120. Metro: Santiago Rusiñol.

0. En este centro comercial…

    A) se pueden comprar collares y pulseras.

    B) hay una decoración muy bonita.

    C) se puede utilizar el metro como transporte.

La opción correcta es la **A.**

    A   B   C

0. ■ ☐ ☐

TEXTO 1

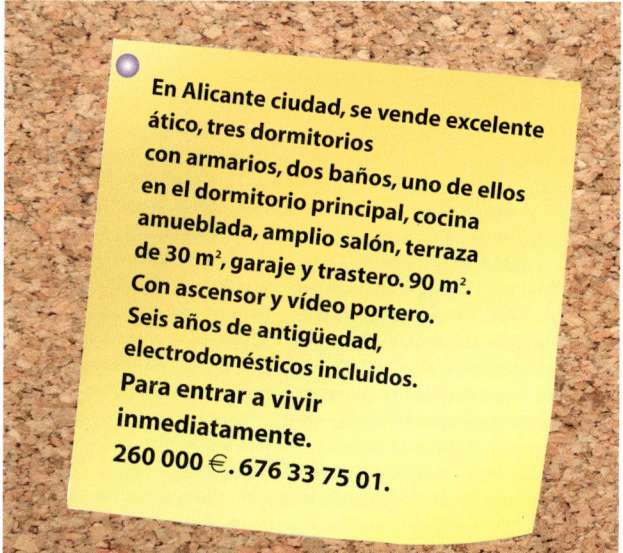

En Alicante ciudad, se vende excelente ático, tres dormitorios con armarios, dos baños, uno de ellos en el dormitorio principal, cocina amueblada, amplio salón, terraza de 30 m², garaje y trastero. 90 m². Con ascensor y vídeo portero. Seis años de antigüedad, electrodomésticos incluidos. Para entrar a vivir inmediatamente. 260 000 €. 676 33 75 01.

TEXTO 2

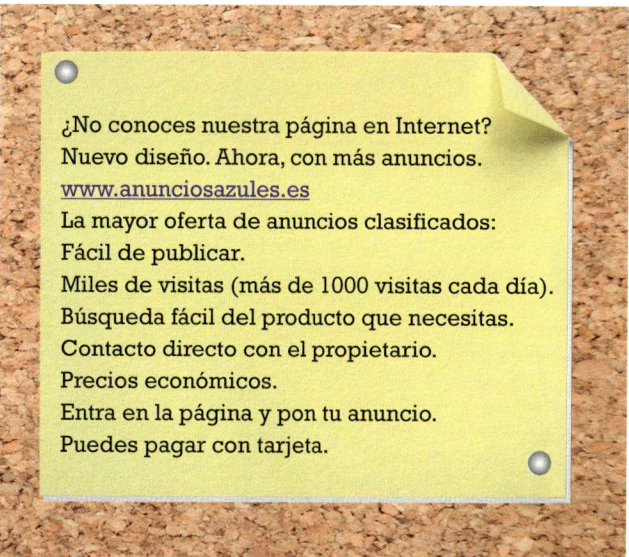

¿No conoces nuestra página en Internet? Nuevo diseño. Ahora, con más anuncios. www.anunciosazules.es La mayor oferta de anuncios clasificados: Fácil de publicar. Miles de visitas (más de 1000 visitas cada día). Búsqueda fácil del producto que necesitas. Contacto directo con el propietario. Precios económicos. Entra en la página y pon tu anuncio. Puedes pagar con tarjeta.

13. Este piso está en la…

    A) primera planta.

    B) última planta.

    C) planta baja.

14. En esta página de Internet…

    A) se pueden buscar objetos.

    B) se pueden buscar personas.

    C) se pueden tener amigos.

TEXTO 3

Restaurante Wok F&F
Cocinamos nuestros platos
como lo hacen en China.
Abierto todo el año. Horario, de lunes
a domingo (12:30 a 16:30; 20:00 a 23:00).
De lunes a viernes, 8 € comida.
De lunes a jueves, 10 € cena.
Del viernes noche al domingo y festivos, 12 €.
Servicio a domicilio.
Pedido mínimo de 10 €.
Avda. de Madrid n.º 18
(Arganda del Rey)

15. El precio de la comida para llevar a casa es…
   A) de ocho euros a mediodía.
   B) de diez euros los sábados.
   C) superior a diez euros.

TEXTO 4

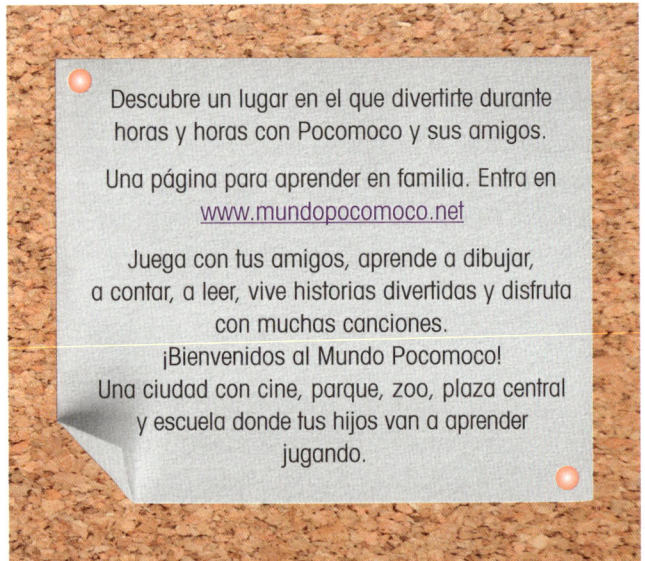

Descubre un lugar en el que divertirte durante
horas y horas con Pocomoco y sus amigos.

Una página para aprender en familia. Entra en
www.mundopocomoco.net

Juega con tus amigos, aprende a dibujar,
a contar, a leer, vive historias divertidas y disfruta
con muchas canciones.
¡Bienvenidos al Mundo Pocomoco!
Una ciudad con cine, parque, zoo, plaza central
y escuela donde tus hijos van a aprender
jugando.

16. En esta página de Internet…
   A) los niños van al colegio.
   B) toda la familia puede divertirse.
   C) regalan entradas para el cine.

TEXTO 5

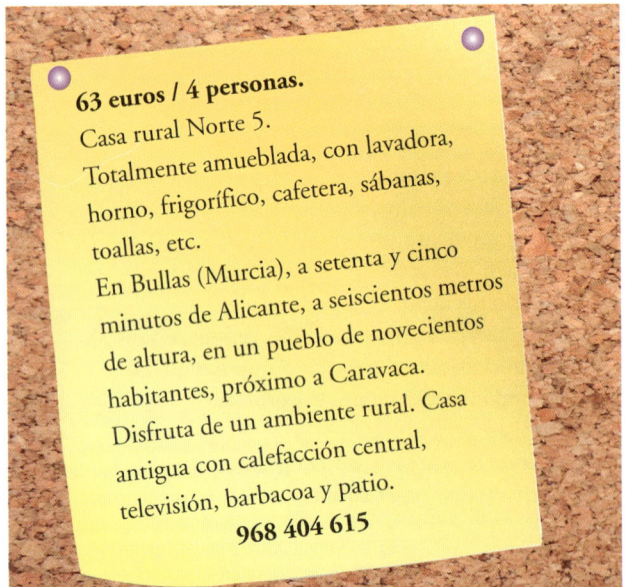

63 euros / 4 personas.
Casa rural Norte 5.
Totalmente amueblada, con lavadora,
horno, frigorífico, cafetera, sábanas,
toallas, etc.
En Bullas (Murcia), a setenta y cinco
minutos de Alicante, a seiscientos metros
de altura, en un pueblo de novecientos
habitantes, próximo a Caravaca.
Disfruta de un ambiente rural. Casa
antigua con calefacción central,
televisión, barbacoa y patio.
968 404 615

17. La casa de este anuncio…
   A) tiene cuatro habitaciones.
   B) no tiene pueblos cerca.
   C) está en la montaña.

TEXTO 6

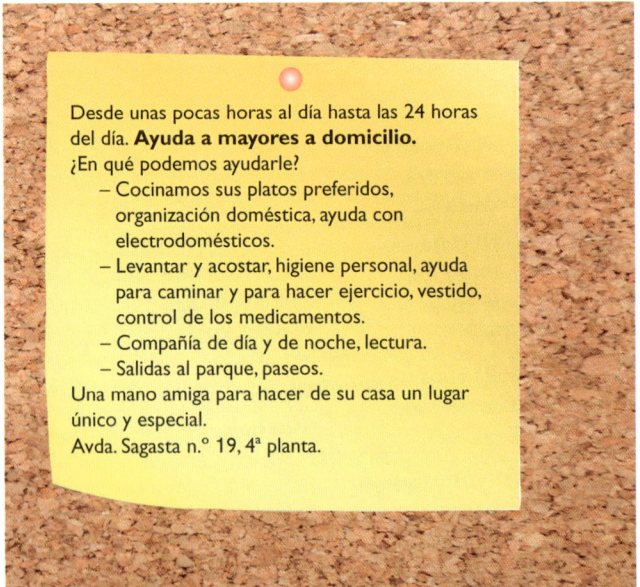

Desde unas pocas horas al día hasta las 24 horas
del día. **Ayuda a mayores a domicilio.**
¿En qué podemos ayudarle?
  – Cocinamos sus platos preferidos,
    organización doméstica, ayuda con
    electrodomésticos.
  – Levantar y acostar, higiene personal, ayuda
    para caminar y para hacer ejercicio, vestido,
    control de los medicamentos.
  – Compañía de día y de noche, lectura.
  – Salidas al parque, paseos.
Una mano amiga para hacer de su casa un lugar
único y especial.
Avda. Sagasta n.º 19, 4ª planta.

18. En la empresa de este anuncio…
   A) todos los trabajos se hacen en casa.
   B) ponen las lavadoras y los lavaplatos.
   C) no preparan ninguna comida.

HORA DE FINALIZACIÓN ___:___

COMPRENSIÓN DE LECTURA

⏳ HORA DE INICIO ___ : ___

Instrucciones

Lea los siete enunciados y los diez horóscopos publicados en un periódico. A continuación, seleccione el texto (A-J) que corresponde a cada enunciado (19-24).
Hay diez textos, incluido el ejemplo. Seleccione seis.
Marque las opciones elegidas en la **Hoja de respuestas.**

Ejemplo:

0. Ahora debes ir más lejos con tu novio/a.

La opción correcta es la **A.**

A B C D E F G H I J

0. ■ □ □ □ □ □ □ □ □ □

	ENUNCIADOS	TEXTOS
0.	Ahora debes ir más lejos con tu novio/a.	A
19.	Debes darte prisa.	
20.	Vas a mejorar en el trabajo.	
21.	Te duele una parte de tu cuerpo.	
22.	Tus amigos te necesitan.	
23.	Todo puede salir mal.	
24.	No debes estar nervioso.	

HORÓSCOPOS

 A. Aries (21 de marzo - 20 de abril)

Debes mantener tu ánimo y tu energía, porque van a ser tus puntos débiles en este día. Refúgiate en tu familia. Si tienes pareja, es el momento de dar un paso hacia adelante en la relación.

 B. Tauro (21 de abril - 21 de mayo)

Debes estar tranquilo ante una situación que no has calculado y que se vuelve contra tus intereses económicos o laborales.

 C. Géminis (22 de mayo - 21 de junio)

Una y otra vez van a fracasar tus proyectos más inmediatos, así que aprovecha la más mínima oportunidad para ser feliz.

 D. Cáncer (22 de junio - 22 de julio)

Vas a estar muy enamorado. Tienes que realizar un esfuerzo para controlar a tu pareja. Eres muy fiel a las personas a las que quieres y hoy alguien te lo va a agradecer públicamente. Esto te puede hacer sentir en paz.

 E. Leo (23 de julio - 23 de agosto)

La familia y el hogar pueden convertirse en un infierno si no pones orden desde el principio, a primera hora de la mañana mejor que a mediodía.

 F. Virgo (24 de agosto - 23 de septiembre)

Hoy vas a encontrarte con muchos amigos que te va a pedir ayuda y tú debes darles todos los medios materiales y espirituales posibles.

 **G. Libra (24 de septiembre - 23 de octubre)**

El destino te va a permitir unos contactos sociales muy importantes que pueden mejorar tu posición profesional.

 **H. Escorpio (24 de octubre - 22 de noviembre)**

Cuida un poco más la salud, y muy especialmente la espalda, ya que puedes sufrir una acumulación de tensión. A menudo aceptas responsabilidades que no puedes aceptar y por eso no puedes alcanzar todos tus objetivos. Tienes que dejarte ayudar.

 I. Sagitario (23 de noviembre - 21 de diciembre)

Una sonrisa es la mejor manera de cerrar una discusión con un amigo o con alguien de la familia. Así pones paz de una forma inteligente.

 J. Capricornio (22 de diciembre - 20 de enero)

Asuntos de la familia, en concreto de salud, te van a mantener ocupado. Atiéndelos, pero también intenta dejar tiempo para descansar.

⏳ HORA DE FINALIZACIÓN ___:____

COMPRENSIÓN DE LECTURA

⏳ HORA DE INICIO ___:___

Instrucciones

Va a leer la biografía de Daniel Sánchez Arévalo. A continuación, conteste a las preguntas (25-30).

Seleccione la opción correcta (A, B o C).

Marque las opciones elegidas en la **Hoja de respuestas.**

Daniel Sánchez Arévalo (Madrid, 1970) no supo que quería ser director de cine hasta muy tarde, como le pasó a Luis Buñuel. No fue de esos niños a los que su padre regaló una cámara de vídeo y desde muy pequeño ya sabían que querían dedicarse al cine. Daniel no tenía claro lo que quería hacer, como muchos chicos de su edad, con problemas, como los jóvenes que se encontraba en la calle donde ha vivido toda su vida, cerca de su madre, su tía y sus amigos, una calle donde ha rodado su primera película, *Azuloscurocasinegro.*

Daniel estudió Empresariales porque sabía que podía trabajar, aunque no le gustaba. Siempre ha tenido mucho sentido de la responsabilidad, algo por lo que su psicólogo se ha enfadado siempre con él; ha cargado con problemas que no son suyos sin preguntar por qué, como el protagonista de *Azuloscurocasinegro,* que fue la gran sorpresa del pasado Festival de Málaga de cine español y que lo presentó como uno de los cineastas jóvenes con más posibilidades de éxito y de futuro.

Daniel nació en una familia de artistas, con un padre pintor, José Ramón Sánchez, una madre actriz, Carmen Arévalo, su hermana Paula, que es bailarina en el Teatro de la Danza de Holanda, y un hermano realizador de televisión, Ignacio; pero él no quería dedicarse al mundo artístico. Sin embargo, por las tardes, al salir del colegio Montserrat –uno de los centros públicos más famosos de Madrid– con el bocadillo entre los dientes, le encantaba mirar a su padre pintando en su estudio, en silencio. Hoy vive entre cuadros suyos, y guarda los carteles que su padre hizo en 1979 con las ciudades llenas de parques y los niños corriendo por las calles. Su padre creyó en un mundo feliz, ideal, cuando comenzó la democracia española.

Entre las pocas cosas que le hacían reír a Daniel estaba la televisión, algunas series de su adolescencia. Ese gusto por la televisión lo llevó a escribir en secreto un guión de la serie española *Farmacia de guardia,* que dio a su hermano. A Ignacio le gustó y se lo entregó al director, Antonio Mercero, que decidió contratarlo como guionista. Así ha aprendido Sánchez Arévalo su profesión. Hizo algunos cortometrajes hasta que pudo filmar su primera película, con muy poco dinero. "Estudiar Empresariales me ha enseñado que ahorrar es muy importante".

Para poder llegar hasta aquí ha tenido que ir aprendiendo en cada trabajo. Sus primeros cortometrajes *(Gol, Carrefouring* y *Profilaxis),* fueron hechos con mucho sentido del humor, y *Express* fue el corto que le gustó a Julio Medem, que le pagó su siguiente proyecto. Ahora está contando la historia de un portero y su hijo, que no quiere trabajar en la misma casa que su padre.

(Adaptado de *El País Semanal.* Número 1559. 13 de agosto de 2006. Pág. 8-13).

Preguntas

25. El texto trata sobre…
    A) un chico que no quería estudiar.
    B) cómo llegó Daniel a hacer cine.
    C) una familia de economistas.

26. Además de director de cine, Daniel ha trabajado como…
    A) portero.
    B) economista.
    C) guionista.

27. Actualmente, Daniel…
    A) está trabajando en una nueva película.
    B) ahorra para su próxima película.
    C) no quiere trabajar con su padre.

28. Cuando era niño…
    A) iba a un colegio cerca de su casa.
    B) solo quería ser director de cine.
    C) nunca cambió de barrio.

29. Según el texto, el padre de Daniel…
    A) vivía en un estudio lleno de cuadros.
    B) le regaló una cámara de vídeo.
    C) creía en la democracia española.

30. Según el texto…
    A) Daniel no quiere trabajar en lo mismo que su padre.
    B) su película *Azuloscurocasinegro* gustó al público.
    C) trabaja como actor en algunas series de televisión.

COMPRENSIÓN AUDITIVA

TAREA 1 Ejercicio 125 - Pista 41 ⊙♫

⏳ HORA DE INICIO ___:___

Instrucciones

Usted va a escuchar siete anuncios de radio. Los anuncios se repiten dos veces. Seleccione la opción correcta (A, B o C) para cada pregunta sobre los anuncios.

Marque las opciones seleccionadas en la **Hoja de respuestas.**

A continuación va a oír un ejemplo:

0. Según esta información, Icíar Bollaín…
    A) fue la primera directora que ganó un Óscar con una película española.
    B) fue la primera directora española que participó en los Óscar.
    C) fue la primera directora hispanohablante que participó en los Óscar.

La opción correcta es la **B.**

    A B C
0. ☐ ■ ☐

Preguntas

1. En esta empresa…
    A) compran y venden todo tipo de coches.
    B) venden solo coches antiguos usados.
    C) esperan vender cien coches a buen precio.

2. La conferencia *La comida sana y los estados de ánimo* tiene lugar…
    A) por la mañana.
    B) en el Centro de Negocios de Lima.
    C) después de la Jornada de Puertas Abiertas.

3. El periódico *Colorines*…
    A) publica anuncios de diferentes productos.
    B) sale a la venta el primer día de la semana.
    C) tiene buenos precios para los particulares.

4. Los clientes que tienen la tarjeta Club…
    A) reciben el catálogo por correo.
    B) celebran la fiesta de aniversario.
    C) pueden comer gratis en la tienda.

5. La señora de este anuncio solo trabaja…
    A) durante las mañanas.
    B) en la zona donde vive.
    C) los fines de semana.

6. En este anuncio…
    A) se venden objetos muy antiguos.
    B) se compran objetos por Internet.
    C) se buscan objetos para comprar.

7. En el auditorio de San Blas se va a escuchar…
    A) a músicos de la provincia de Madrid.
    B) a varios grupos musicales infantiles.
    C) un concierto de música para niños.

⏳ HORA DE FINALIZACIÓN ___:___

COMPRENSIÓN AUDITIVA

TAREA 2 Ejercicio 126 - Pista 42 ⊙♫

⏳ **HORA DE INICIO** ___:___

Instrucciones

Va a escuchar una noticia cultural. Escuchará la noticia dos veces. Seleccione la opción correcta (A, B o C) para cada pregunta.

Marque las opciones elegidas en la **Hoja de respuestas.**

Ahora tiene 35 segundos para leer las preguntas.

Preguntas

8. La novelista ganadora del premio está casada con…
   A) un director.
   B) un editor.
   C) un poeta.

9. Javier Calvo es…
   A) el marido de Almudena.
   B) un novelista.
   C) miembro del jurado.

10. El premio Fundación José Manuel Lara se ha entregado…
    A) siete años.
    B) diez años.
    C) nueve años.

11. Según la noticia, Almudena Grandes…
    A) tiene cuarenta y ocho años.
    B) estudió con una enciclopedia.
    C) trabajó en un curso de Historia.

12. Para la novelista…
    A) ser jurado es muy divertido.
    B) el mejor premio son los lectores.
    C) esta novela tiene diez años.

13. Según la noticia…
    A) de esta novela se han vendido un millón de libros.
    B) de su primera novela se hizo una película.
    C) este libro se ha traducido a más de veinte lenguas.

⏳ **HORA DE FINALIZACIÓN** ___:___

COMPRENSIÓN AUDITIVA

TAREA 3 Ejercicio 127 - Pista 43 ⊙♫

⌛ **HORA DE INICIO** ___:___

Instrucciones

Usted va a escuchar siete mensajes. Escuchará cada mensaje dos veces. Seleccione el enunciado (A-J) que corresponde a cada mensaje (14-19).

Hay diez enunciados, incluido el ejemplo. Seleccione seis.

Marque las opciones elegidas en la **Hoja de respuestas.**

Escuche ahora el ejemplo:

Mensaje 0

La opción correcta es la **H.**

A B C D E F G H I J

0. ☐ ☐ ☐ ☐ ☐ ☐ ☐ ■ ☐ ☐

Ahora tiene 25 segundos para leer los enunciados.

ENUNCIADOS	
A.	Cuesta muy barato.
B.	Puede enviarse durante este mes.
C.	Hay que subir andando.
D.	Tiene que lavar y cortar el pelo.
E.	Música para niños.
F.	Debe repetirse si está mal hecho.
G.	Para llamar a otros teléfonos.
H.	Pide un regalo.
I.	Está bien comunicado.
J.	Para aprender otra lengua.

MENSAJES		ENUNCIADOS
	Mensaje 0	D
14.	Mensaje 1	
15.	Mensaje 2	
16.	Mensaje 3	
17.	Mensaje 4	
18.	Mensaje 5	
19.	Mensaje 6	

⌛ **HORA DE FINALIZACIÓN** ___:___

COMPRENSIÓN AUDITIVA

TAREA 4 Ejercicio 128 - Pista 44 ⊙♫

⧗ **HORA DE INICIO** ___:___

Instrucciones

Usted va a escuchar una conversación entre dos amigos, Silvia y Alberto. Escuchará la conversación dos veces. Lea las preguntas (20-25) y seleccione la opción correcta (A, B o C) para cada pregunta.

Marque las opciones elegidas en la **Hoja de respuestas.**

Ahora tiene 35 segundos para leer las preguntas.

Preguntas

20. La noche anterior, Silvia…
    A) se quedó en casa.
    B) llegó tarde a casa.
    C) cenó con una amiga.

21. El próximo sábado, Silvia ha quedado para…
    A) ir a escuchar música.
    B) salir a cenar con María.
    C) pasear con Alberto.

22. Silvia no recuerda…
    A) a qué hora empieza el concierto.
    B) quién va a tocar.
    C) en qué sala han quedado.

23. La noche anterior, Alberto no llamó a Silvia porque estaba…
    A) reunido.
    B) en Sevilla.
    C) cansado.

24. Alberto, el día anterior…
    A) no descansó.
    B) no se reunió.
    C) no trabajó.

25. Alberto fue a Sevilla en…

A)

B)

C)

⧗ **HORA DE FINALIZACIÓN** ___:___

COMPRENSIÓN AUDITIVA

TAREA 5 Ejercicio 129 - Pista 45 ⊙♫

⌛ **HORA DE INICIO** ___:____

Instrucciones

Usted va a escuchar a dos personas, el señor Pérez y la señora Gámez, hablando sobre un viaje. Oirá la conversación dos veces. Seleccione la imagen (A-H) que corresponde a cada enunciado (26-30).
Hay ocho imágenes. Seleccione cinco.
Marque las opciones elegidas en la **Hoja de respuestas.**
Ahora tiene 15 segundos para leer los enunciados.

ENUNCIADOS		IMÁGENES
26.	Lugar de la conversación.	
27.	El señor Pérez necesita.	
28.	Medio de pago que utiliza el señor Pérez.	
29.	Durante las vacaciones del señor Pérez.	
30.	El señor Pérez recientemente.	

A

B

C

D

E

F

G

H

⌛ **HORA DE FINALIZACIÓN** ___:____

EXPRESIÓN E INTERACCIÓN ESCRITAS

TAREA 1 Ejercicio 130

⌛ HORA DE INICIO ___:___

Instrucciones

Usted quiere ser miembro de una asociación de carácter humanitario para ayudar a personas con problemas y necesidades. Escriba una carta explicando por qué quiere usted pertenecer a esta asociación y participar en ella. En el mensaje debe:

– contar sus gustos y aficiones;
– describir su trabajo actual;
– explicar por qué desea ser miembro de la asociación.

Número de palabras: entre 30 y 40.

Estimados señores:

⌛ HORA DE FINALIZACIÓN ___:___

EXPRESIÓN E INTERACCIÓN ESCRITAS

TAREA 2 Ejercicio 131

⌛ **HORA DE INICIO** ___:____

Instrucciones

Usted ha leído una oferta de trabajo en un periódico. Escriba un correo electrónico a la empresa.
En él debe:

– indicar qué estudios ha realizado;
– decir qué puestos de trabajo ha desempeñado;
– explicar cuáles son sus cualidades para el trabajo.

No olvide saludar y despedirse.

Número de palabras: entre 70 y 80.

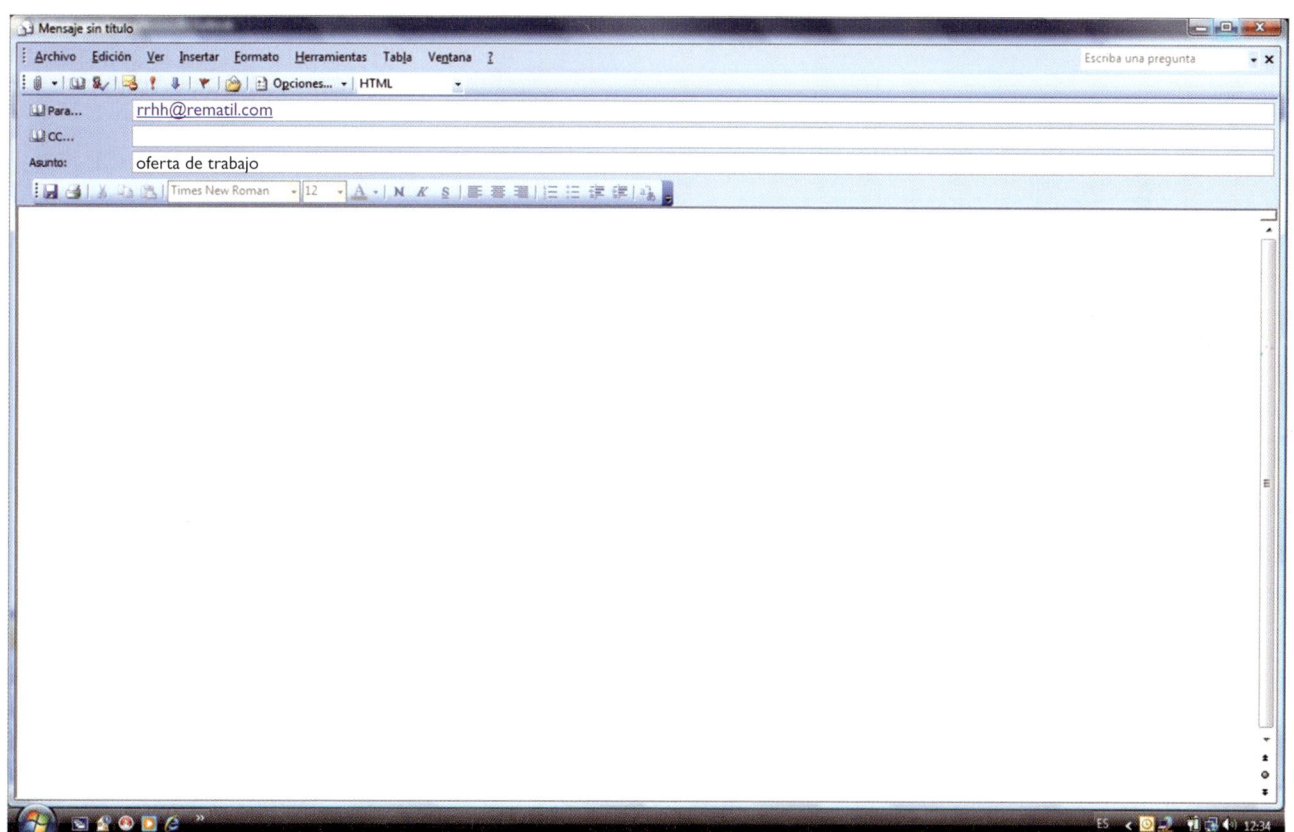

⌛ **HORA DE FINALIZACIÓN** ___:____

EXPRESIÓN E INTERACCIÓN ESCRITAS

TAREA 3 Ejercicio 132

⏳ **HORA DE INICIO** ___:___

Instrucciones

Aquí le presentamos algunos datos y fotografías de la vida de Cristina Martínez. Escriba su biografía.

Usted tiene que comentar:

– su aspecto físico y su personalidad;

– sus gustos y aficiones;

– los hechos más importantes de su vida.

Número de palabras: entre 70 y 80.

DATOS BIOGRÁFICOS

Nombre y apellidos: Cristina Martínez Gimeno

Lugar de nacimiento: Quito (Ecuador)

Fecha de nacimiento: 21/04/1983

Estado civil: soltera

⏳ **HORA DE FINALIZACIÓN** ___:___

EXPRESIÓN E INTERACCIÓN ORALES

TAREA 1 Ejercicio 133

MONÓLOGO

Instrucciones

Usted tiene que hablar ante el entrevistador sobre LOS ESPECTÁCULOS durante 3 o 4 minutos. Elija uno de los aspectos que se le proponen.

EL CINE

– ¿Le gusta el cine? ¿Por qué?
– ¿Con qué frecuencia va al cine? ¿Con quién? ¿A qué hora?
– ¿Qué tipo de películas le gustan más? ¿Le gusta el cine de algún país? ¿Ve las películas en lengua original?
– ¿Qué le gusta más el cine o el teatro?
– ¿Hay muchos cines en su ciudad? ¿Dónde están? ¿Cuánto cuesta ir al cine en su ciudad?
– ¿Cuándo fue al cine por última vez? ¿Qué película vio? ¿Le gustó?

EL TEATRO

– ¿Le gusta el teatro? ¿Por qué?
– ¿Con qué frecuencia va al teatro? ¿Con quién?
– ¿Ha hecho alguna vez teatro? ¿Qué papel hizo? ¿Dónde actuó?
– ¿Qué le gusta más el cine o el teatro?
– ¿Hay muchos teatros en su ciudad? ¿Dónde están? ¿Cuánto cuesta ir al teatro en su ciudad?
– ¿Cuándo fue al teatro por última vez? ¿Qué obra vio? ¿Le gustó?

LOS ESPECTÁCULOS

LAS EXPOSICIONES

– ¿Le gusta el arte? ¿Qué prefiere la pintura o la escultura? ¿Por qué?
– ¿Le gusta ir a exposiciones? ¿Por qué?
– ¿Cuál ha sido la exposición que más le ha gustado? ¿Por qué?
– ¿Qué exposición quiere ver?
– ¿Dónde se celebran exposiciones en su ciudad? ¿Hay muchas? ¿Cuánto dinero cuesta una entrada para una exposición?
– ¿Cuándo visitó una exposición por última vez? ¿Con quién fue? ¿Cuál era el tema de la exposición?

LOS CONCIERTOS

– ¿Le gusta asistir a conciertos? ¿Por qué?
– ¿Con qué frecuencia va a conciertos? ¿Cuánto cuesta una entrada para un concierto en su país?
– ¿Qué tipo de música le gusta?
– ¿Cuál ha sido el concierto que más le ha gustado? ¿Dónde fue? ¿Qué grupo o cantante actuó?
– ¿A qué grupo o cantante le gusta escuchar en un concierto? ¿Por qué?
– ¿Cuándo fue a un concierto por última vez? ¿Dónde fue? ¿A qué grupo o cantante fue a ver?

LAS CONFERENCIAS

– ¿Le gusta ir a conferencias? ¿Por qué?
– ¿Qué temas le interesan?
– ¿Toma notas en las conferencias? ¿Suele hacer preguntas?
– ¿Dónde suelen celebrarse conferencias en su ciudad? ¿A qué hora?
– ¿Cuándo fue a una conferencia por última vez? ¿Cuál era el tema? ¿Quién dio la conferencia?

Instrucciones

Usted tiene que hablar ante el entrevistador sobre LOS JUEGOS durante 3 o 4 minutos. Elija uno de los aspectos que se le proponen.

VIDEOJUEGOS

– ¿Le gustan los videojuegos? ¿Por qué?

– ¿Con qué frecuencia juega? ¿Con quién suele jugar?

– ¿Qué utiliza para jugar (televisión, ordenador…)? ¿En qué lugares juega? ¿A qué hora?

– ¿Cuántos videojuegos tiene? ¿Qué tipo de videojuegos le gustan? ¿Cuál es su videojuego favorito?

– ¿Ha regalado algún videojuego alguna vez? ¿A quién? ¿Por qué?

– ¿Cuál es el último videojuego que ha comprado? ¿Cuándo lo compró? ¿Cuánto le ha costado?

LOTERÍA

– ¿Le gusta jugar a la lotería? ¿Por qué?

– ¿Juega? ¿Con qué frecuencia?

– ¿Cuánto dinero gasta en lotería?

– ¿Ha ganado alguna vez? ¿Cuánto?

– ¿Juega siempre al mismo número?

– ¿Dónde se vende lotería en su país?

– ¿Cuándo compró lotería la última vez? ¿Cuánto compró? ¿Le tocó?

LOS JUEGOS

CARTAS

– ¿Le gusta jugar a las cartas? ¿Por qué?

– ¿Quién le enseñó a jugar a las cartas?

– ¿Cuándo juega a las cartas? ¿Con quién? ¿Dónde?

– ¿A cuántos juegos de cartas sabe usted jugar? ¿Qué juegos de cartas prefiere? ¿Por qué?

– ¿Existe algún juego de cartas tradicional en su país?

– ¿Cuándo jugó a las cartas la última vez? ¿A qué jugó? ¿Con quién?

AJEDREZ

– ¿Sabe jugar al ajedrez? ¿Le gusta? ¿Por qué?

– ¿Quién le enseñó a jugar al ajedrez? ¿Cuándo?

– ¿Cuándo juega al ajedrez? ¿Con quién? ¿Dónde?

– ¿Es usted un buen jugador de ajedrez?

– ¿Lee usted libros sobre ajedrez? ¿Lee la sección de los periódicos dedicada al ajedrez?

– ¿Cuándo jugó al ajedrez la última vez? ¿Con quién? ¿Quién ganó?

OTROS JUEGOS DE MESA

– ¿Le gustan los juegos de mesa? ¿Por qué? ¿Le gusta alguno en especial? ¿Cuál?

– ¿Quién le enseñó a jugar a juegos de mesa? ¿Cuándo?

– ¿Cuándo juega a juegos de mesa? ¿Dónde? ¿Con quién?

– ¿Es usted un buen jugador? ¿Suele ganar?

– ¿Cuánto dinero cuesta un juego de mesa en su país? ¿Hay algún lugar para jugar a juegos de mesa en su país?

– ¿Cuándo fue la última vez que jugó a un juego de mesa? ¿Con quién jugó? ¿Quién ganó?

DESCRIPCIÓN DE UNA IMAGEN

Instrucciones

Describa la imagen: el lugar, las personas, los objetos y las acciones.

Debe hablar sobre las características físicas de las personas y sobre su ropa o sobre las cosas que llevan.

Usted debe hablar durante 2 o 3 minutos.

EXPRESIÓN E INTERACCIÓN ORALES

TAREA 3 Ejercicio 135

DIÁLOGO CON EL ENTREVISTADOR

Instrucciones

Usted debe imaginar que está en la taquilla de un cine. Tiene que hablar con el taquillero que le atiende y pedirle unas entradas para la próxima sesión. El entrevistador es el taquillero.

Modelo de conversación

1. Inicio

ENTREVISTADOR: SALUDO

–Hola, buenas tardes.

CANDIDATO: SALUDO

–Hola, buenas tardes.

ENTREVISTADOR: PREGUNTA INICIAL

–¿Qué desea?

CANDIDATO:

–Quiero saber el horario de la película…

2. Fase de desarrollo

ENTREVISTADOR: HORARIO Y PRECIO

–Hay una sesión a las 6 y otra a las 8.

CANDIDATO:

–¿Cuánto cuesta la entrada?

ENTREVISTADOR:

–El precio de la entrada es de 7 euros.

CANDIDATO:

–Deme dos entradas…

ENTREVISTADOR:

–¿En qué fila las quiere?

CANDIDATO:

–En la quinta fila…

ENTREVISTADOR:

–¿En el centro, a la izquierda a la derecha?

CANDIDATO:

–En el centro, por favor…

ENTREVISTADOR:

–Muy bien, pues aquí tiene sus dos entradas.

CANDIDATO:

–¿Cuánto es?

ENTREVISTADOR:

–14 euros.

3. Despedida y cierre

ENTREVISTADOR:

–Muchas gracias. Que disfrute de la película.

CANDIDATO:

–Adiós, muchas gracias.

EXPRESIÓN E INTERACCIÓN ORALES — TAREA 4 Ejercicio 136

CONVERSACIÓN CON EL ENTREVISTADOR

Instrucciones

Usted deberá conversar con el entrevistador durante 3 o 4 minutos siguiendo la información que hay en su ficha.

FICHA A: ENTREVISTADOR

Un amigo y usted desean ponerse en contacto para quedar la próxima semana. Usted propone enviarle un correo electrónico, pero su amigo prefiere llamar por teléfono.
Debe:
1. Decir a su amigo que va a enviarle un correo electrónico.
2. Explicar por qué prefiere el correo electrónico.

 CORREO ELECTRÓNICO
- Es gratis.
- Puede responder en cualquier momento.
- Contiene información precisa (es posible releer).

 TELÉFONO
- Cuesta dinero.
- Molesta durante una actividad.
- Posibilidad de equivocarse (comprender mal).

3. Llegar a un acuerdo con su amigo.

FICHA B: CANDIDATO

Un amigo y usted desean ponerse en contacto para quedar la próxima semana. Usted propone llamar por teléfono, pero su amigo prefiere enviarle un correo electrónico.
Debe:
1. Decir a su amigo que va a llamarlo por teléfono.
2. Explicar por qué prefiere llamarlo por teléfono.

 TELÉFONO
- Ponerse de acuerdo es fácil.
- Es rápido y seguro.
- Cómodo, sin escribir.

 CORREO ELECTRÓNICO
- Tiempo de espera en la respuesta.
- Más tiempo para escribir.
- Dificultades (conexión a Internet, otros correos, falta de tiempo).

3. Llegar a un acuerdo con su amigo.